POUR SES BEAUX YEUX

Au Dieu d'amour

Natalie Saracco

POUR SES BEAUX YEUX

Préface de Marie-Noëlle Tranchant

SALVATOR

103, rue Notre-Dame des Champs
F-75006 Paris

Remerciements

*

J'adresse un chaleureux merci à ma petite maman qui m'a toujours soutenue par ses prières et son amour, à mes chers éditeurs, Yves Briend et Michel Cool, à Jean-Jacques Vannier et à toutes la sympathique team de Salvator.

*

Yves Briend Éditeur S.A.
103, rue Notre-Dame des Champs. F-75006 Paris
www.editions-salvator.com
contact@salvator-editions.com

Maquette intérieure : Atlant'Communication
Maquette de couverture : François Sargologo
Photo de couverture : © Sipa Press / Savaltor

ISBN : 978-2-7067-1394-1

Préface

Il faut la prendre comme elle est. Inutile de vouloir remettre en place une mèche rebelle, comme font parfois les mères attentionnées. Elle secouera aussitôt dans un rire toute sa crinière bouclée. Inutile de chercher à modérer ses élans, à discipliner sa prose volubile. Autant poser des petits cailloux pour arrêter un torrent. Il n'y a rien d'académique en Natalie Saracco, ni dans son tempérament, ni dans son histoire. Elle est tout en impétuosité joyeuse, en embardées périlleuses, en sensibilité bouleversée. Et en foi indéfectible.

Un jour, cette jolie pouliche piaffante et caracolante – tous derrière et elle devant – a été marquée au fer rouge du sceau royal. Ses galops ne seront plus jamais les mêmes – mais plus beaux. Elle sait à qui elle appartient. Elle en fait le récit, simple et sidérant. Un accident mortel sur la route avec une amie. La vie qui s'en va doucement par hémorragie interne. « *Assister de son vivant à sa propre mort en faisant le deuil de soi-même n'est pas une chose particulièrement évidente. J'ai accepté, j'ai lâché prise et je suis passée de l'autre côté.* » Pas de tunnel de lumière, pas de sentiment de bien-être. Il ne s'agit pas d'une expérience de mort imminente comme en ont décrit beaucoup, mais une rencontre avec Jésus, avec le Sacré-Cœur de Jésus, et ses larmes. « *Mon Seigneur, pourquoi pleures-tu ?* » « *Je pleure parce que mon cœur se consume d'un amour fou pour vous tous, qui que vous soyez, et en échange, je ne reçois que froideur, mépris et indifférence.* »

Natalie Saracco est cette enfant très chérie qui a reçu en cadeau les larmes du Sauveur et qui les distribue à tous ceux qui ont soif sans le savoir, à tous ceux qui n'ont pas entendu la parole qui nous fonde et qui nous relève : « *Tu as du prix à mes yeux.* » C'est pour cela qu'elle a réalisé *La Mante religieuse*, qu'elle va tourner un nouveau film sur Jésus, et qu'elle a écrit cette histoire, qui va de l'accident initial à la sortie en salles puis en DVD de *La Mante religieuse*. Elle a déplacé des montagnes, et elle en déplacera encore, « *pour ses beaux yeux* ».

« *Je ne suis pas là pour plaire, encore moins pour séduire, mais pour témoigner de ma rencontre avec le Cœur de Jésus, qui a bouleversé ma vie.* » Ceux qui la connaissent savent quelle amoureuse fervente elle est. Rien ne ment dans son cœur ni dans son écriture. Son amour pour le Christ ne l'a rendue ni prudente, ni compassée. On entend dans ses mots sa voix cassée, son rire étincelant, son ardeur batailleuse, sa gouaille parigote. Cela fait un vrai style. Tenez, dans la voiture accidentée : « *Nous étions seules, coupées du reste du monde, en tête-à-tête avec la mort qui nous draguait outrageusement.* » On se croirait dans un polar à l'ironie noire et à la langue verte. Elle a naturellement le sens du pittoresque, du suspense, de la formule inattendue, qui fait pétiller le récit. Elle n'est pas là pour plaire mais elle nous donne, comme par-dessus le marché, un plaisir de lecture qui est une façon de nous attirer vers le cœur, vers le Cœur.

La vivacité, la drôlerie, ne masquent jamais les mouvements secrets de l'âme. Envers les autres, une générosité tendre et délicate. Envers elle-même, une gravité enfantine, très pure et très sévère, qui prend au sérieux le moindre détail capable de plaire ou déplaire au Bien-Aimé. C'est une chose infiniment précieuse à découvrir, qu'une réalisatrice du XXIe siècle s'inquiète de savoir si, arrivée très en retard à la messe, elle peut communier comme elle le désire tant. Exposer ce scrupule avec tant de simplicité et de précision défie la raillerie des insouciants, des paresseux, des satisfaits de peu. Son exigence n'est que pour elle-même, n'oblige personne. Elle la dit parce qu'elle la vit. Elle la vit parce qu'elle a vu le Cœur de Jésus. « *Ce n'est pas pour rire que je t'ai aimée.* » Son témoignage nous entraîne vers cette gravité de l'amour, cette urgence de se laisser sauver. Voilà ce qu'elle désire si ardemment communiquer.

« *Il faut vivre en état d'urgence… Il n'y a pas une minute à perdre.* »

Mise en bouche

Les voitures ont-elles « l'oreille musicale » ?

Ce jour-là sur les Champs-Élysées, un joyeux concert de klaxons se déroulait dans la plus pure tradition des embouteillages parisiens. Comme dans une symphonie savamment orchestrée, les automobilistes se répondaient par croche, double croche et parfois même par « accroche » suivant l'humeur de leur puissant coffre, non pas celui de leurs véhicules mais celui de leurs cordes vocales. Portée par l'électrique brise parisienne, cette mélodie des plus carrossées faisait écho au brouhaha d'une foule agglutinée devant un cinéma. Le large trottoir disparaissait englouti par les voraces spectateurs impatients de prendre leurs billets.

En ce 2 juin 2014, avait lieu l'avant-première d'un petit film qui avait déjà fait couler beaucoup d'encre : *La Mante Religieuse*. Cette œuvre qui n'aurait jamais dû voir le jour, tout à coup se retrouvait propulsée dans l'arène d'une salle obscure, livrée au dieu public.

Naissance de *La Mante*

FLASH-BACK

Par un bel après-midi de juillet, deux jeunes femmes bien installées dans une puissante voiture quittent Paris et prennent l'autoroute de Normandie. L'une d'elle est réalisatrice et sort tout juste d'un rendez-vous avec un producteur de cinéma de renom qui souhaite produire son film. La jeune femme est aux anges ! « Après toutes ces années de galère savoure-t-elle, je vais enfin pouvoir réaliser mon rêve d'enfant : mettre en scène mon premier long ! » L'une d'elle croit en Dieu, l'autre pas. Et bien que totalement différentes, ces deux complices partagent une réelle amitié. Faisant partie de l'essaim de Parisiens qui avait quitté les « loups de Paris pour les vaches de Normandie », toutes deux prenaient plaisir à se retrouver pour confronter leurs idées et réfléchir ensemble à ce monde qui devenait de plus en plus étranger. La réalisatrice, la croyante, ne loupait jamais l'occasion d'un « tête-à-tête » pour parler de Dieu à l'incroyante. Pour la saouler avec la religion, corrigerait l'autre. Une heure de trajet en huis clos dans une voiture, une telle opportunité ne devait en aucun cas se rater. Au bord du martyre, sa pauvre amie qui conduisait et n'en pouvait plus, passait du statut d'incrédule à celui de sainte Athée.

— Tu sais ma chérie, on est sur terre de passage, lança subitement la réalisatrice.

Sa copine fronça les sourcils. Elle ne connaissait que trop bien ce genre de phrase piégée qui laissait présager un long discours sur la foi et sur l'urgence de la conversion. Il lui fallait réagir au plus vite pour stopper le flot de paroles que son allumée de passagère allait lui balancer.

— S'il te plaît, lâche-moi avec ça. Tu as une bonne nouvelle, tu vas enfin réaliser ton film alors *please*... Tu casses l'ambiance avec ton Dieu ! Sérieux, t'es lourde.

La réalisatrice se tut trois secondes qui lui parurent une éternité.

Si les femmes ont de la suite dans les idées, les réalisatrices encore plus – surtout celle-là.

— Te lâcher ? Pas question !

Tout à coup, son amie se mit à croire en la réincarnation pensant qu'elle devait être dans sa dernière vie précédente une sacrée garce pour mériter un tel compagnonnage.

— Le sens de la vie, c'est Dieu, poursuivit imperturbable l'embrasée. Le reste n'est qu'un trompe-l'œil pour nous éloigner de l'essentiel : LUI.

— OK ! OK ! J'y réfléchirai mais une autre fois, rétorqua la martyre athée, espérant que ces miettes d'apparente bonne volonté calmeraient l'affamée de Dieu.

— Une autre fois ce sera peut-être trop tard.

La conductrice se mit à accélérer pour doubler un interminable semi-remorque.

— Qui te dit que ce n'est pas aujourd'hui le dernier jour de ta vie, laissa échapper tel un oracle la « prophétesse cinéaste ».

Au même moment, comme une réponse de mauvais goût, le dix tonnes leur fit la sale blague de percuter une voiture qu'il leur balança en plein pare-brise. Tel un fauve bondissant sorti de nulle part, le break « cavalier de la mort » se jeta sauvagement sur les deux commères, toutes griffes et carrosserie dehors. Un tsunami de chocs plus violents les uns que les autres projeta leur véhicule sur la glissière de sécurité du côté gauche. Du côté où il ne fait pas bon s'arrêter. Les deux jeunes femmes se retrouvent encastrées dans la tôle, prisonnières de l'imprévu. Pour elles, ce jour-là, l'accueillante autoroute de Normandie avait pris des airs de morgue.

Saint Marc (13, 35-37) :

« Veillez donc car vous ne savez pas quand le Maître de la maison va venir, le soir ou au milieu de la nuit, au chant du coq ou le matin, de peur qu'il n'arrive à l'improviste et ne vous trouve en train de dormir. »

L'accident

Les choses de la vie. Quel film magnifique ! Je me rappelle l'avoir vu étant petite. Il m'avait particulièrement marquée ! On y voit Romy Schneider et Michel Piccoli emportés par le tourbillon de la vie. Ils sont beaux, jeunes, forts, ils paraissent immortels.

« Immortels ? » Quel est donc cet état d'inconscience qui nous pousse à croire que les accidents, la maladie et la mort sont toujours pour les autres ? On se sent fort, on se sent inébranlable, jusqu'au jour où… Exactement comme dans le film de Sautet ou encore dans le poème de Prévert *La chanson dans le sang : « Un homme est là avec tout son sang dedans et soudain le voilà mort avec tout son sang dehors. »* Je me revois ce jour-là, sortir de la réunion et quitter ce producteur béni pour m'envoler vers la route toute tracée du bonheur. J'allais enfin réaliser mon premier long métrage. Rien ne pouvait se mettre en travers de mon chemin. Rien sauf ce satané camion !

Ô gloire éphémère, brièveté de la vie…

Dans sa lettre l'Apôtre Saint Jacques compare notre vie à « *une vapeur, aussitôt apparue aussitôt disparue* ». On finit par l'oublier. J'entends encore ma bonne vieille pote me dire : « On va acheter une bouteille de champagne et trinquer avec ta famille ! »

« Une bouteille par personne ! » avais-je rétorqué avec mon humour à deux balles.

Des projets, la vie, l'envie, un agenda blindé et puis soudain, pschitt ! Tout s'arrête. La mort ne nous demande pas si nous voulons attendre.

C'est étrange les accidents de la route : tout se passe très vite et en même temps au ralenti. Les sons disparaissent comme pour nous isoler des vivants et nous plonger dans une bulle ouatée et cotonneuse, une sorte de filtre entre deux mondes.

Ce genre d'expérience vous recadre d'un seul coup d'un seul.

La première chose que me dit mon impétueuse et arrogante athée juste après l'accident résonne encore dans mes pensées. Prisonnière de la tôle, sonnée par le choc, cette brave Lucy eut le culot de me demander de faire une prière pour appeler Dieu à notre secours ! Il n'y a pas à dire, parfois le Seigneur met le paquet pour nous réveiller ! C'est en tout cas ce qu'il a fait avec nous. Avec moi. Et pourtant j'étais déjà croyante à l'époque. J'étais catholique pratiquante. « Pratiquante », en effet, des douces pantoufles et certitudes de la religion.

Nous sommes restées un long moment bloquées à l'intérieur de la voiture ou plutôt, de ce qu'il en restait. Les pompiers habituellement si rapides sont arrivés au bout d'une heure. Le temps nécessaire pour que nos âmes baignées de peurs macèrent bien dans l'angoisse et la prise de conscience. Nous étions seules, coupées du reste du monde, en tête-à-tête avec la mort qui nous draguait outrageusement.

Lucy et moi n'avons pas vécu le même accident. En tant que conductrice, elle avait anticipé le choc et s'était accrochée au volant. Tandis que moi j'étais tournée vers elle, tenue par rien d'autre que le désir de l'ouvrir à Dieu. À trois reprises, je me suis retrouvée précipitée, le visage à quelques centimètres à peine du pare-brise. Le fait que la vieille chose qui lui servait de voiture roulait encore tenait déjà du miracle, si en plus il y avait eu des airbags, c'eut été de l'enchantement ! Grâce à Dieu, les ceintures fonctionnaient encore. Cependant une ceinture de sécurité qui se bloque à 130 kilomètres à l'heure ça peut faire des dégâts et ça fait très mal. Un pompier m'a avoué que la violence et le traumatisme causés par la sangle qui se bloque à une telle vitesse équivaut à un coup de poing lancé par un boxeur professionnel. En clair, c'est comme si tout le long du parcours de la ceinture de sécurité, Mike Tyson était passé par là ! J'avais terriblement mal, l'air me manquait. Je respirais difficilement. Tout à coup, je me suis mise à cracher du sang. « *Un peu, beaucoup, passionnément.* » Élevée au biberon de la médecine par un père généraliste et une mère infirmière, je me suis laissée aller à faire un diagnostic : hémorragie interne. Tout collait ! En me retenant, la sangle de la ceinture m'avait cassé des côtes ce qui expliquait que je respirais difficilement. Quant aux côtes, elles m'avaient simplement perforé un poumon, d'où le sang que j'expectorais. Je me rappelle d'ailleurs la bienveillante intervention de deux infirmières en civil qui s'étaient arrêtées sur le bas-côté de l'autoroute pour nous tenir compagnie et nous rassurer, sauf qu'en ce qui me concerne, je voulais tout sauf être rassurée. Je voulais la vérité. Avec le franc-parler qui me caractérise, je leur ai brutalement demandé si elles ne pensaient pas que j'avais une hémorragie interne. L'une a détourné la tête, gênée, l'autre m'a répondu « oui ». Elle a ajouté que c'était la première chose que je devais dire aux secours quand ils arriveraient.

« *Hémorragie interne…* » Je ne savais pas que ces deux mots pouvaient autant faire mal. Une guillotine verbale. J'en ai encore le goût amer dans la bouche.

Toujours avant l'arrivée des secours, j'ai appelé mes parents pour leur dire que Lucy et moi avions eu un petit accrochage en voiture, rien de grave, et que nous allions être en retard. J'ai parlé en aparté à mon père et lui ai tout raconté. Il m'a confirmé l'hypothèse de l'hémorragie interne en précisant bien qu'il fallait aller très vite, que ce genre de choses s'opère dans les deux heures. Seul hic : ça faisait déjà plus d'une heure que l'accident avait eu lieu et nous étions toujours emprisonnées dans l'épave. Je lui ai fait promettre de ne rien dire à ma mère. Trop sensible, trop mère poule… Avant de raccrocher, j'ai dit à ma *mother* : « *Je t'aime.* »

La rencontre

Éclairées par les sunlights des secours qui découpaient la voiture en morceaux pour nous en extraire, Lucy et moi étions les actrices d'un mauvais sitcom que nous jouait la vie. Son état étant rassurant, elle fut reléguée à l'arrière-plan. Désormais les projecteurs étaient braqués sur moi faisant de ma pauvre personne l'héroïne d'une scène dont je me serais bien passée. Pour l'occasion, les secours m'avaient transformée en « Robocop » disparaissant sous les minerves et coquilles de toutes sortes ! Il fallait impérativement maintenir mon petit corps souffrant, tout mouvement pouvant conduire au pire. Pour couronner le tout, ils m'avaient recouverte d'une couverture en aluminium qui me rappelait les tablettes de chocolat dont je raffole tant ! Pour ces experts en drames, il fallait me tenir au chaud.

— Natalie ! Natalie ! Reste éveillée. Il ne faut pas que tu t'endormes, lança un pompier.

Mais malgré tous les efforts déployés pour me garder en vie, je m'en allais... Tranquillement. Lentement... mais sûrement.

La première chose qui m'est venue à l'esprit m'a fait froid dans le dos : « Tu vas rendre l'âme et tu n'es pas confessée ! » Pour la catho pratiquante que je suis, il ne pouvait rien m'arriver de pire ! Comment monter au Ciel retenue par la lourdeur et la boue de mes péchés ? L'horreur ! À l'instant même, le Seigneur m'a répondu : « *Je connais les intentions de ton cœur, ne t'inquiète pas.* » À ce moment précis, j'ai senti la vie me quitter. Étrange sensation : l'énergie, la chaleur intense à l'intérieur de moi disparaissaient petit à petit en commençant par la tête. Comme si j'étais une bouteille en plastique remplie d'un liquide, sauf que la bouteille était percée. Plus cette chaleur m'abandonnait, plus mon corps froid comme du marbre se paralysait. Je ne sais pas combien de temps cela a duré mais ça m'a paru long. Assez long pour analyser la situation et me rendre à l'évidence : j'étais en train de mourir et mon être telle une chandelle à bout de cire s'éteignait progressivement.

« Mon Dieu, ce n'est pas possible que cela m'arrive à moi ! Pas maintenant, pas comme ça. Je ne suis pas prête. »

Le plus douloureux dans ce genre d'épreuve est la passivité. On ne peut rien changer, on ne fait que subir tout en étant parfaitement conscient. Pas d'autre choix que de lâcher prise. Je continuais à cracher du sang et peinais de plus en plus pour respirer. Mon cœur qui battait à tout rompre semblait vouloir sortir de ma poitrine pour entamer une nouvelle vie en dehors de moi le traître ! Et cette chaleur intense qui m'échappait en descendant jusqu'aux pieds sans pouvoir la retenir, sans pouvoir sauver ma peau ! Assister vivante à sa propre mort en faisant le deuil de soi-même n'est pas une chose particulièrement évidente.

J'ai accepté, j'ai lâché prise et je suis passée de l'autre côté.

Je ne sais pas si j'ai perdu connaissance ou si *De battre mon cœur s'est arrêté*, mais ce que je sais, c'est que je me suis retrouvée face à face avec ton Sacré-Cœur, Jésus.

Et là, le choc ! Non pas de te voir, je m'y attendais, mais de te voir dans cet état lamentable. Toi mon Sauveur, mon Bien-aimé, souffrant le martyre et pleurant à chaudes larmes devant moi. Toi en tunique blanche, me montrant ton Sacré-Cœur entouré d'une couronne d'épines, le visage défiguré par la souffrance.

Oh Seigneur, ta peine était si grande que tes larmes m'apparaissaient comme un océan de chagrin, un pur concentré de douleur ! Tu me désignais ton Cœur qui versait des larmes de sang d'un rouge vif. Il pleurait et souffrait le martyre comme Toi. Vos larmes se rejoignaient pour venir s'échouer dans mon pauvre cœur de pécheur. Les tourments que vous subissiez étaient tels que c'était insoutenable. Ta douleur Seigneur, ta peine étaient une abomination. Comme si Tu contenais à Toi seul toute la souffrance et l'amertume du monde. De ce monde que tu as tant aimé, de ce monde que Tu aimes tant, de ce monde qui te rejette tant.

Pourquoi m'avoir montré Ton martyre ? Pourquoi me l'avoir fait ressentir ? C'était insupportable !

Était-ce pour trouver du réconfort auprès d'un cœur aimant ou bien était-ce pour me révéler la marque des tortures endurées à cause de mes péchés ? Malheureusement je crois bien que c'est un mélange des deux.

Devant ta peine si profonde, j'en suis venue à m'oublier. J'étais comme anéantie par tes blessures. Exit l'appréhension de la mort et le regret des adieux manqués avec ceux que j'aimais. Il n'y avait plus que toi et moi. Il n'y avait plus que Toi.

— Pourquoi pleures-tu Seigneur ? lâcha mon cœur stupéfait.

— Je pleure parce que vous êtes mes enfants chéris, mes bien-aimés petits. J'ai donné ma vie pour vous, je ne sais plus quoi faire pour vous et vous me repoussez. Je pleure parce que mon cœur se consume d'un amour fou pour vous tous, qui que vous soyez, et en échange je ne reçois que froideur, mépris et indifférence. Je pleure parce qu'il n'y a rien de pire que d'être méconnu et rejeté par ceux que l'on aime.

Ta passion Seigneur continue aujourd'hui dans ton cœur brûlant d'amour et brisé non seulement par nos péchés mais par notre indifférence à ta personne.

« *Mon cœur se consume d'un amour fou pour vous tous* »… Avec Dieu il n'y a pas de casting, il nous aime tous comme nous sommes et veut nous sauver. Sa miséricorde va bien au-delà de nos péchés et de nos manquements. La force inépuisable de Son pardon sera toujours supérieure à nos blessures. C'est cela la toute-puissance de Dieu : Son amour plus fort que nous et Son pardon plus grand que nos fautes.

L'Apôtre Saint Pierre a trahi le Christ jusqu'à le renier trois fois mais il n'a jamais douté de la puissance de la miséricorde divine. Pas un instant. Contrairement à Judas qui, lui, a pensé son péché impardonnable et qui s'est fait son propre juge en se donnant la mort.

Mettre des limites à l'amour de Dieu c'est méconnaître Dieu. C'est passer à côté de lui, à côté du vrai bonheur. Et le vrai bonheur, c'est se laisser aimer par Lui tels que nous sommes jusqu'à l'acceptation – parfois insupportable – de notre pauvre humanité. C'est peut-être cela l'humilité : oser nous voir tels que nous sommes et non pas comme nous aimerions être. Reconnaître ses faiblesses, ses limites sans douter un seul instant de l'amour de notre Seigneur. Personne ne mérite Dieu à part Dieu lui-même. « *Si tu attends d'être saint pour aimer Dieu alors tu ne l'aimeras jamais...* » nous dit Saint Augustin. Mieux vaut se reconnaître pauvre que de s'inventer de faux mérites. Se remettre en question est à la base de tout. Comment corriger ses fautes si on refuse de les voir ?

L'amour de notre Seigneur dépasse tout entendement. Il est tellement au-delà de ce que l'on croit. Le Sacré-Cœur de Jésus me l'a fait découvrir durant notre « tête-à-cœur » entre la vie et la mort. Tel un courant d'air, j'ai reçu son amour en plein cœur sous forme de frisson. De brûlant frisson.

En tant que « bonne catho » , je pensais connaître l'amour de Dieu. J'allais à la messe, je lisais l'Évangile, je chantais Sa miséricorde. Bref « MOI je savais » ! Que nenni. Son amour explose tout à commencer par nous-mêmes et nos projections d'humains limités. Envahi, débordé, retourné par sa tendresse, mon cœur a failli exploser ! C'est une chose impossible pour nos petits êtres de contenir l'infinie immensité et profondeur de son affection.

Dieu, L'Insondable.

En plus de son amour fou pour nous, le Sacré-Cœur de Jésus m'a révélé son ardent désir de nous, son besoin d'être aimé par nous ses petits-enfants.

Lui, l'Unique, le seul Saint, l'Éternel tout-puissant, en plus du libre arbitre qu'Il nous donne, va jusqu'à mendier notre amour à nous ses pauvres créatures ! Surtout qu'il n'a pas besoin de nous. Nous, nous avons besoin de Lui. Et qu'on le veuille ou non, on sera amenés à s'en rendre compte le jour de notre rendez-vous avec la faucheuse. Le besoin libre de Dieu pour nous montre combien Il nous aime. Sa grandeur et sa majesté se révèlent pleinement dans son abaissement jusqu'à nous.

Devant l'amour brûlant du Christ, sa souffrance et son désir d'être aimé par nous « à l'humaine », mon être tout entier a laissé échapper : « Quel dommage Seigneur de rendre l'âme maintenant. J'aimerais pouvoir revenir sur terre pour témoigner de ton amour qui dépasse l'entendement, de ta souffrance à cause de nos péchés et de notre froideur et pour te consoler. »

À peine avais-je formulé ce souhait, que Tu m'as emmenée dans un autre lieu, un tout autre tableau. Et là, ce que Tu m'as donné de voir et de vivre fut tout autre chose. C'est seulement maintenant après toutes ces années que j'en saisis le sens.

Un décor surréaliste rempli et vide à la fois. Une dimension immense, indescriptible.

D'emblée je me suis sentie accablée par ma petitesse. Mon être tout entier s'est tassé comme écrasé, faisant de moi une lilliputienne. Au-dessus de moi, il y avait comme un cercle à l'horizontale en forme de demi-lune, plongé dans une nuée. Je ne voyais rien mais je sentais tout. Je ne voyais rien mais je savais tout. À ce moment précis Seigneur, tu m'as donné de voir avec mon cœur en toute vérité. J'étais là, minuscule chose, infime particule d'humain, mini-cellule, poussière d'être, devant cet imposant cercle en demi-lune qui trônait devant moi de façon impériale.

J'ai tout de suite réalisé qu'il s'agissait du Tribunal Céleste et que c'était l'heure de mon jugement. Saint Paul en parle dans une de ses épîtres qu'à ce moment-là je n'avais pas encore lue. C'était une certitude, il n'y avait aucune place pour laisser planer le moindre doute. C'était l'heure de mon jugement, de notre jugement à tous. Laissez-moi vous dire que ça ne plaisante pas. La créature doit rendre des comptes jusqu'au dernier sou. Pas question de se justifier, ni de se déculpabiliser. La cour de récréation des grands enfants que nous sommes s'en est allée. «*Je lui ai tiré la langue parce qu'elle m'avait tiré les cheveux, j'ai sorti mon arme parce qu'il avait tiré en premier.*»

La créature mise à nue, en toute vérité, devant son Créateur. C'en est tellement accablant que ça en devient abominable. Le pire est cette notion de « tout est consommé ». Tu ne peux rien retrancher, ni rajouter quoi que ce soit à tes actes. « *Les jeux sont faits, rien ne va plus.* »

Le plus fou c'est qu'à ce moment précis, au pire moment de ma vie, à l'heure terrifiante de mon jugement, Jésus avait disparu ! Lui qui de mon vivant était toujours à mes côtés s'était évaporé ! Sentiment de terreur, d'horreur, d'angoisse. À l'instant même, j'ai su qu'Il ne m'avait pas abandonnée, Il avait rejoint le Tribunal Céleste composé du Père, du Fils et du Saint-Esprit. Tout ce que Jésus avait pu faire de mon vivant pour me sauver, Il l'avait fait. « Tout était accompli » comme sur la Croix. Désormais, j'étais seule face à l'implacable Jugement redoutant la pire sentence.

Une voix forte se fit entendre : « Vous serez jugés sur l'Amour. L'Amour vrai envers Dieu et envers vos frères. »

Non pas aimer Dieu par peur, par tradition ou par habitude mais avec son cœur, avec ses tripes ! L'aimer pour Lui au-delà de tout ce qu'Il nous donne, de tout ce qu'Il nous apporte. L'aimer pour ses beaux yeux et non pour son portefeuille si riche en Miséricorde. L'aimer en toute simplicité, en toute vérité. Comme n'importe quel amoureux, le Seigneur souhaite être aimé pour Lui-même. Il nous donne tout mais Il attend tout de nous. L'Amour est exigeant, l'Amour est intransigeant, l'Amour est Dieu.

Notre Sauveur vit une véritable passion pour nous ! Il est fougueux, jusqu'au-boutiste jusqu'à l'extrême. Jusqu'à la Croix... Jusqu'à continuer aujourd'hui à se donner à nous malgré tout le mal qu'on lui fait ; et ce particulièrement dans l'Eucharistie. Quand on y pense, c'est un truc de dingue le désir de Dieu pour nous et la confiance qu'Il nous fait ! Il a foi en nous. Le monde ne croit pas en Lui mais Lui croit en nous et heureusement sinon on serait tous foutus ! Chaque âme qui se perd est une goutte de sang du Christ qui se perd.

Quant à l'Amour du prochain, il en va de même. Le Seigneur veut que notre cœur vibre d'un amour sincère pour nos frères. Comme dit si bien saint Paul (1 Cor 13) : « *Quand j'aurais la foi la plus totale, celle qui transporte les montagnes, s'il me manque l'amour, je ne suis rien. Quand je distribuerais tous mes biens aux affamés, quand je livrerais mon corps aux flammes, s'il me manque l'amour, je n'y gagne rien.* » Nous sommes tous des autistes de l'Amour. Prions notre Seigneur de trouver les bons mots dans l'alphabet de son cœur pour lui écrire les plus belles phrases conjuguées à sa Volonté. Le roman de nos vies est appelé à devenir une histoire d'Amour avec Lui et avec nos frères. C'est là tout le sens de notre existence. L'amour, l'amour, l'amour, tout le reste n'est que littérature.

Et hop ! Retour à l'envoyeur. Me voilà jetée dans mon pauvre corps à l'intérieur de l'épave. Je me rappelle avoir fait un sacré bond ! J'ai ressenti une puissante décharge électrique d'une rare envergure. Comme si sortant du bain, je m'amusais à faire des claquettes sur des fils à haute tension ! Et là, le phénomène inverse : un liquide brûlant partit de mes pieds pour remonter tout le long de mon corps jusqu'à ma tête. Une sensation de chaleur intense s'empara de mon être tout entier jusqu'au plus profond de mes os, de mon sang, de ma chair. Je me suis arrêtée net de cracher du sang. Mon corps glacial, paralysé, dur comme du marbre s'est remis à bouger. La froide plaque funéraire dont le mal voulait m'orner se transformait en promesse d'une nouvelle vie.

Tout cela s'est déroulé lorsque nous étions encastrées dans la voiture, au moment où les pompiers défonçaient le pare-brise pour nous extraire de notre prison.

Combien de temps ce « voyage mystique », « cette expérience d'un autre monde » a-t-elle duré ? Je n'en sais rien. Peut-être seulement quelques secondes, peut-être davantage. Suis-je réellement passée « de l'autre côté » ? Ai-je perdu connaissance, je n'en sais rien. Tout ce que je sais, c'est que j'ai vécu une rencontre folle avec le Sacré-Cœur de Jésus, un véritable cœur-à-cœur où les mots n'avaient plus leur place tellement c'était intense, intime. Idem pour le « Tribunal Céleste ». Ce qui est sûr, c'est que notre Dieu qui est un Dieu d'Amour et de Miséricorde, n'en demeure pas moins un Dieu de justice dont le jugement est implacable. Sur le moment, ces deux « apparitions, rencontres, expériences » – je ne sais toujours pas quelle définition est la bonne – m'ont parues décalées, voire contradictoires. Comment notre Dieu peut-il être à la fois le Dieu de la Miséricorde qui se consume d'amour pour ses enfants et en même temps un juge implacable qui ne transige pas ? Parce que Dieu est juste. Il est tout autant infini dans Sa Miséricorde que dans sa sainte Justice.

Les pompiers finissent enfin par nous libérer du tas de ferraille. Au loin, j'entraperçois le gyrophare du Samu sur « la rive des vivants », nous invitant à rejoindre la terre ferme. *« Noé sauvé des eaux. »* Cette accalmie n'a duré qu'un bref instant. Les hôpitaux étant tous complets, nous voilà coincées à l'intérieur des Secours sur le bas-côté de l'autoroute à attendre. Il s'agissait pourtant d'une urgence... Cette situation rocambolesque et surréaliste a duré un long moment. Cette nouvelle attente servait à merveille les plans du démon pour me faire trépasser et profitait à fond à

« mon hémorragie interne ». Plus le temps passait, moins j'avais de chances de m'en sortir. J'étais une oie engraissant son bourreau.

À l'hôpital, la suite fut des plus classiques : batterie d'examens, radios, échos, etc., à un détail près : on n'a jamais trouvé la moindre trace d'hémorragie interne ni aucune blessure, ni rien de cassé.

Mais alors, comment expliquer mon état agonisant et tout le sang que j'ai craché ? Dieu seul sait.

Le personnel soignant voulait me garder quarante-huit heures sous observation. On ne sait jamais après la violence d'un tel choc et mes signes cliniques, une petite gâterie mortelle pouvait pointer son nez. J'ai appelé un taxi et je suis partie. En vrac certes – je souffrais terriblement – mais légère. Il ne pouvait rien m'arriver, le Seigneur m'avait remise sur les rails, à moi d'aller dans la bonne direction.

Flash-back un an avant la rencontre

Le Sacré-Cœur de Montmartre, il n'y a pas à dire, c'est top ! Le Saint Sacrement est exposé vingt-quatre heures sur vingt-quatre pour les adorateurs – dont je fais partie – et pour les cancres pécheurs – dont je fais aussi partie. Les confessions et les messes s'enchaînent jusque tard dans la soirée ce qui est plus que pratique.

C'était un lundi matin – m'étais-je levée de bonne heure ou bien était-ce après une nuit blanche ? J'opterais pour la deuxième hypothèse –, je me suis retrouvée à confesse un peu par hasard – comme si le hasard existait avec Dieu ! Einstein disait que « le hasard, c'est quand Dieu veut passer incognito ». Il n'y avait personne, c'était d'emblée à moi, pas même le temps de songer à faire demi-tour.

Une porte en verre qui s'ouvre lentement laissant apparaître une faible lumière. Je me dirige sur la pointe du cœur jusqu'au confessionnal, me transformant à chaque pas en centenaire obèse aux semelles de plomb. La peur commençait à me gagner sérieusement, plus j'avançais, plus je « reculais ». Un prêtre en aube blanche attendait. Il se tenait courbé, la tête enfouie dans les mains. Il semblait accablé. «*Bon sang, il a confessé du lourd juste avant et c'est sur moi que ça va tomber.*» Je pénètre telle une anguille dans le bocal de verre prête à me faire dévorer par ce piranha de Dieu.

— Fermez la porte, souffla-il sans lever la tête.

«Nom d'une carpe!» Allais-je en ressortir vivante? Me voilà pêchée par cet homme de Dieu dans les divins filets de la Providence! Je ne sais pas si la pêche va être miraculeuse, une chose est sûre, c'est qu'elle va être laborieuse! S'ensuit le dégueulis de mes péchés. Mais au lieu de me faire harponner par de moralisatrices phrases toutes faites, il me sourit.

— Vous plongez avec les autres pour les remonter à la surface. Par vos blessures, le Seigneur vous donne la grâce de porter la Croix avec Lui. Réjouissez-vous!

«*Porter la croix avec Lui*», j'avoue que cela m'a un peu effrayée. N'empêche que quand le prêtre m'a donné l'absolution, je me suis sentie non seulement très légère mais heureuse et libérée. «Slim Fast» était battu par Slim Confession! Quelle joie sublime que de se laisser happer par l'Amour de Dieu dans cet incomparable sacrement!

Comme effort de réconciliation, le dauphin du Grand Roi me donna une prière du Sacré-Cœur à réciter tous les jours. Tout à coup, le doux baume se transformait en piège. Comme un grand nombre de cancres pécheurs, il suffit que je me sente obligée d'accomplir une tâche pour ne plus avoir envie de la faire! Une prière à vie, l'angoisse. Quinze fois par jour j'oublie mes clés, mon portable, etc., et me voilà «obligée» de me rappeler un acte à vie! Je suis sortie de là le cœur dans les talons, la prière à la main. Finalement je n'ai jamais fait cette prière non pas par mauvaise volonté mais parce que je l'avais zappée.

Passe un an. C'est le lendemain de l'accident et de ma rencontre avec Jésus. Je suis chez moi et me réveille percluse de douleurs. J'ouvre les yeux et savoure pleinement la grâce d'être toujours en vie et avec « envie » plus que jamais. Je tourne péniblement la tête – cervicales explosées – mini-coup du lapin – j'ai failli devenirt tétraplégique. À droite de mon lit, sur la table de nuit, la prière du Sacré-Cœur dont j'avais oublié l'existence et que j'avais cent fois perdue. Elle était là, posée contre ma bouteille d'eau. C'est quoi ce truc de dingue ? Même si l'ordre et le rangement ne font pas partie de mes priorités, je suis quand même au courant de mon désordre organisé pour ne pas dire autre chose.

Que faisait-elle donc là ?

Le cancre était-il prêt pour décoder l'algèbre divin ?

À partir de ce moment-là et jusqu'à aujourd'hui, cette prière quotidienne nourrit ma vie. Chaque matin, je la déguste et la savoure en la laissant fondre au plus profond de mon cœur. Quand le Seigneur rôde autour de nous, difficile de lui résister. Le Sacré-Cœur m'avait entreprise bien avant notre rencontre sauf que je ne le voyais pas. En plus de cancre, j'étais mal voyante.

Quelque temps après la « confession-pêche-miraculeuse » de Montmartre – toujours avant l'accident –, je suis partie en Haute-Savoie. J'apprécie particulièrement la montagne et les grands espaces. La nature rapproche de l'essentiel. J'étais avec Lucy mon « athée préférée». Nous avions loué un chalet dans la pampa sur les sommets, le parfait refuge dont j'avais besoin. C'était un samedi soir, pas question pour moi de louper la messe anticipée du dimanche, celle-ci se déroulant aux aurores… Comme une âme en peine, j'errais dans les rues de Thonon, espérant rencontrer une pieuse personne prête à me renseigner sur l'heure et l'endroit où l'office avait lieu. Cette garce de Lucy me regardait amusée. J'étais tout à coup, pour cette eurasienne, du chinois: «Après quoi étais-je en train de courir et surtout pourquoi? Dieu n'existait pas, c'était clair!» Ma pauvre Lucy, «douce sirène de l'athéisme», tu ne perdais rien pour attendre; toi aussi, Il t'avait choisie. Les boutiques fermaient les unes après les autres, les cafés se vidaient. Rien ni personne pour me renseigner sur l'église où se célébrait la messe en ce samedi soir.

«Lâcher prise, s'abandonner, Lui faire confiance.»

Tel un zombie cherchant un Dieu invisible en vue d'une résurrection surréaliste, je suis partie au hasard des rues guidée par un étrange sixième sens.

Lucy me suivait telle une ombre malveillante prête à se repaître de mon échec. Téléguidée par le GPS de l'Amour, je me suis retrouvée devant la porte de l'église! Je me suis tournée, non sans une certaine délectation, vers la perverse Asiatique, un grand sourire aux lèvres.

— Tu viens avec moi? lui ai-je balancé, la victoire sur le visage.

— Non merci, m'a-t-elle rétorqué, vexée.

— Je vais au café là-bas continua-t-elle. Quand tu sors, viens me retrouver.

Et me voilà m'engouffrant dans la maison de Dieu pour l'unique « Trêve Party », la seule messe de toute la région. C'était plein à craquer. À l'entrée, un jeune prêtre se jette sur moi la main tendue : « *Bienvenue à l'église du "Sacré-Cœur" !* » Comme par hasard.

— Merci mon Père.

À le regarder de plus près, il ressemblait à un vieillard. En réalité, à l'atypique assemblée qui remplissait l'église. La nef était bondée de personnes plus qu'âgées. Au fur et à mesure que je m'avançais pour trouver une place, je découvrais des « ouailles en fin de vie », limite grabataires. Dieu n'a pas d'âge et Sa maison est pour tous ; mais quelle surprise de découvrir cette étrange communauté, où les jeunes semblaient bannis. Je me suis réfugiée à la dernière place restante, en haut devant l'autel. Ce jour-là, j'en avais ras-le-bol de la vie, ce jour-là, j'étais au bout. Je me suis mise à genoux et j'ai prié le visage enfoui dans les mains. La plus âgée de tous, c'était moi.

En voyant l'église gorgée de petits vieux, ma peine personnelle a vite cédé le pas : « Seigneur… Mon pauvre Seigneur, que va-t-il donc se passer une fois que ces personnes vont partir de l'autre côté ? Ton église sera-t-elle vide ? Peut-être même va-t-elle être démolie et transformée en discothèque branchée. Quelle tristesse ! Toi qui as donné Ta vie pour nous, par amour, pour nous sauver. » Et je me suis mise à pleurer amèrement. Tout à coup j'ai senti quelqu'un me regarder avec insistance. Aspirée tel un aimant, je n'avais pas d'autre choix que de lever la tête et d'ouvrir les yeux. Au-dessus de moi trônait une gigantesque fresque du Christ les bras grand ouverts avec son Sacré-Cœur entouré d'une couronne d'épines.

Jésus s'adressa à mon cœur fatigué :

« Si ta vie ne t'intéresse plus, donne-la moi. Ta vie m'appartient mais je souhaite que tu me la donnes librement. »

Il attendait, Lui le Grand Dieu, ma réponse. Mon être était tétanisé mais pas mon cœur.

« Oui Mon Seigneur, bien sûr que je te la donne ! »

Et je me suis mise à fondre en larmes.

« Tu m'aimes, Je le sais continua-t-il, c'est pourquoi je compte sur toi pour remplir mon église. J'ai peu de véritables amis. »

Devant Son attente et Son désir de moi, mes sanglots ont redoublé. Comment Le Seigneur pouvait-il attendre quoi que ce soit d'une grosse minable comme moi ? Je l'aimais mais si mal ! J'alternais entre grâces et péchés, *Sex, « God » and Rock'n'Roll.* Impossible de me débarrasser de l'ivraie de mes blessures ! Pourtant je luttais mais je tombais. Encore et encore. Le pire, c'est que même quand je tombais, je pensais à Lui et ça me brisait le cœur ! Du coup, je m'en voulais jusqu'à parfois ne plus pouvoir me supporter. Le nombre de fois où je sautais sur ma moto – une 600 cc de course – en roulant à tombeau ouvert, seul mon permis – non plus à points mais à trous – s'en rappelle encore. *« Tu dis que tu aimes le Seigneur, regarde combien tu le traînes dans la boue à cause de tes péchés ! C'est ça l'amour ?! »* J'avais beau me répéter la phrase de saint Paul *« Le bien que je veux, je ne le fais pas et le mal que je ne veux pas, je le fais »*, rien n'y changeait. Plus je me trouvais nulle et plus je m'enfonçais dans le péché comme une femme qui après s'être pesée et avoir constaté qu'elle a grossi, irait se consoler en vidant le réfrigérateur !

« En effet Seigneur, Tu ne dois pas avoir beaucoup d'amis pour te "rabattre" sur une misérable comme moi. » J'ai senti que le jugement que je formulais à mon égard déplaisait à Dieu. C'est Lui le seul juge, c'est Lui qui choisit, pas nous. Ses chemins ne sont pas les nôtres. Le dégoût de soi est « du pain bénit » pour Satan, père du mensonge et de la manipulation. Il ne cesse de nous casser et trouve sa force dans notre découragement. Comme le dit la Mère Supérieure à Jézabel dans *La Mante Religieuse* : « *Le désespoir est le pire ennemi de l'homme et le meilleur allié du Mal.* » C'est tellement vrai ! N'oublions pas que le démon est un accusateur. Prions pour nous voir tels que nous sommes, non pas par le biais de notre vision corrompue mais à travers le regard de Dieu, à la lumière de l'Esprit. Et ça, ça change tout. De même qu'il y a « *le bon cholestérol* » *et* « *le mauvais cholestérol* », il y a la « bonne » culpabilité et « la mauvaise ». Seul le regard de Notre Seigneur Miséricordieux nous préserve d'une culpabilité dangereuse pouvant entraîner le dégoût de soi-même et la chute. Le rejet de sa personne peut conduire au pire, au suicide. Le mal est un engrenage sans fin, une sorte de spirale infernale, un entonnoir sans limite. « *Plus je tombe, plus je me regarde tomber... Et plus je me répugne, plus je veux me faire "payer".* » Il est nécessaire et fondamental de reconnaître ses péchés mais avec Dieu et en Dieu. Il n'est bien évidemment pas question de profiter de Lui et de Sa miséricorde. Dieu est Amour, Dieu est Pardon mais seront sauvés ceux qui le désirent et font des efforts. L'Amour rend libre. L'Amour ne s'impose pas. Que diriez-vous d'un homme qui sous prétexte d'aimer une femme, l'enchaînerait à double tour dans sa cave en l'obligeant à être sienne ! C'est tout sauf de l'amour, non ?

La rencontre avec le Sacré-Cœur de Jésus m'a réconciliée avec moi-même. Il m'a permis de me « tolérer », d'accepter les pauvretés et les limites de mon être. Non pas pour les justifier mais pour les combattre avec lui. Grâce à lui. À Dieu, rien n'est impossible. Avant j'agissais seule et j'étais incapable de soulever une épingle. Maintenant, avec Lui et par Lui, je soulève des montagnes ! Depuis que je me suis abandonnée comme ce paquet de linge sale au pied de Sa Miséricorde, ma vie était transfigurée. Je suis enfin devenue la « femme légère » que j'ai toujours rêvé d'être dans Ses bras !

C'est dans ce délicieux état de lévitation amoureuse que je suis sortie de la messe manquant une fois de plus me faire enfermer. Ma « perverse Asiatique pas si méchante que ça » m'attendait aux portes de l'église. Quand elle m'a vue, son visage d'abord joyeux est devenu tout pâle.

— Qu'est-ce qu'il y a ? J'ai des pustules sur le nez ? !

— Regarde-toi, dit-elle émue, tu irradies de lumière. Que s'est-il passé à l'intérieur ?

— Rien ai-je machinalement répliqué.

— Tu es lumineuse et tes yeux sont si brillants ! Vous avez fumé de l'herbe pendant la messe ou quoi ? lança-t-elle pensant cacher son émotion derrière cette pirouette d'humour.

Je lui ai tout raconté autour d'un bon vin de Savoie. Pour la première fois, elle ne s'est pas moquée de moi.

C'est seulement après avoir failli mourir et rencontré le Sacré-Cœur de Jésus que je me suis rappelée cette histoire. Elle m'est subitement revenue comme un voile levé, un tissu déchiré… C'est fou comme parfois on ne réalise les choses que tardivement. Elles sont comme occultées par notre inconscient. Malgré tous les signes que Dieu nous fait, les messages qu'Il nous envoie, on n'en demeure pas moins *« cet aveugle au bord du chemin »*.

L'after Sacré-Cœur

Les jours, les semaines, les mois qui ont suivi l'accident se sont enchaînés à une cadence effrénée. La cadence du bonheur qui semble accélérer le temps lorsque l'on est comblé. J'étais une femme amoureuse qui avait enfin rencontré son Grand Amour ! Je passais mes journées à genoux, en prière devant une image du Sacré-Cœur. J'étais tombée sur elle en allant à la Chapelle Miraculeuse rue du Bac à Paris pour remercier Jésus et Marie de m'avoir protégée. Cette image aux couleurs vives, typiquement latine, m'interpella d'emblée. Le regard de velours du Seigneur dégageait toute la douceur et la tendresse de Son amour et de Sa Miséricorde.

Par la suite, je me suis concoctée un petit « boudoir spirituel » où siège en impératrice l'image ainsi qu'une représentation de Marie offrant Son Cœur Immaculé. Cela faisait déjà bien longtemps que le dessin de la Vierge était là mais je n'avais pas particulièrement fait attention à ce qu'il représentait. À côté du Christ, il prenait tout son sens : les très Saints Cœurs de Jésus et de Marie rassemblés qui se complètent pour n'en former qu'UN. Un seul et unique qui bat pour la gloire de Dieu.

Clouée chez moi par les douleurs post-traumatiques – je souffrais le martyre – les journées passaient au rythme de la prière et de la lecture. Cette « retraite forcée » dura bien une année. La plus belle année de ma vie blottie dans les bras de mon Bien-Aimé.

Au cours d'une prière-oraison particulièrement interactive, le Seigneur me fit cette déclaration : « Ma fille, je t'ai donné ces talents pour que tu fasses des films pour ma Gloire ! »

Que cela voulait-il donc dire ? En plus, les propos du Très-Haut arrivaient comme un cheveu sur la soupe car il n'y avait plus de place que pour Lui… J'étais tellement fondue dans Sa Personne que le reste ne m'importait guère. J'aurais pu passer toute ma vie comme ça, abandonnée à la douceur de Sa tendresse me transformant en intrépide Voyageuse de l'Amour.

Sa phrase résonna quelque temps dans mon pauvre être si petit pour accueillir tant de choses puis finalement s'estompa. Un jour, sans savoir ni comment ni pourquoi, je me suis retrouvée assise à mon bureau d'auteur un stylo à la main, prête à dévorer du papier.

Suite à mes douleurs cervicales provoquées par la violence de l'accident, je portais une minerve et une écharpe autour du bras ce qui ne me facilitait en rien la tâche de l'écriture. C'est ainsi que je me suis retrouvée catapultée dans l'incroyable histoire de *La Mante Religieuse* ! Spectatrice plus qu'actrice, je découvrais en direct les personnages prenant vie sous la plume aventurière. C'est alors qu'a démarré un farouche bras de fer entre les protagonistes de papier et l'auteur que je suis, décidée à ne pas se laisser mener par ces envahisseurs « encrés ». Au bout de douze jours, au terme d'une lutte acharnée, est né le scénario du film. La première version faisait deux cents pages ! L'histoire, les dialogues, les séquences, tout y était. C'était la première fois dans ma jeune carrière que je vivais une telle expérience. Avant de passer à l'étape de l'écriture, l'auteur, qu'il soit scénariste ou romancier, connaît parfaitement le sujet qu'il va traiter. Non seulement il le connaît mais il l'approfondit, allant même jusqu'à faire des recherches si ce n'est dans un souci d'authenticité au moins de crédibilité. Résumé, synopsis, développement des personnages, tout est savamment orchestré. Avec *La Mante*, j'ai vécu totalement le contraire. Plongée dans une étrange bulle, en totale immersion, je n'avais même pas assez de recul pour réaliser ce que j'écrivais. Au terme de cet atypique huis clos avec « madame la plume et ses rejetons », je me suis relue et j'ai fondu en larmes. Je venais d'écrire l'histoire d'une Marie-Madeleine des temps modernes. Pour l'amoureuse du Christ que j'étais devenue, c'était un truc de fou ! Mes deux passions, Dieu et le cinéma, se conjuguaient enfin pour donner naissance à un film traitant de l'Immensité de l'Amour et de la Miséricorde de Dieu envers tous ses enfants ! Y compris envers une pauvre « Marie-Madeleine – Jézabel-paumée », endurcie à coup de désespoir et de manque d'amour. La force qui me poussait à écrire était si puissante qu'une fois le scénario terminé, je me suis lancée dans l'écriture du roman. Je débordais d'un trop-plein de désir que nul ne pouvait assouvir. J'ai rédigé le texte et l'ai placé dans un tiroir. Ce n'était pas là que Dieu m'attendait mais dans une œuvre cinématographique. Après avoir peaufiné le script, je l'ai fait lire au producteur avec lequel je travaillais, celui qui devait produire mon autre film avant l'accident. En bon athée qui se respecte, il me dit :

— La première partie, quand la fille fait les 400 coups, c'est très bien, d'ailleurs il faudrait la « charger » davantage ! Et, bien évidemment, elle doit coucher avec le curé. Mais après, ton truc de catho rempli de bons sentiments, non vraiment, ce n'est pas possible.

Curieusement je me suis mise à avoir la bouche sèche et à peiner pour déglutir…

— Tu fais ce que je te dis et je produis ton film, conclut-il sûr de lui.

« Adieux veaux, vaches, cochons, couvées ! » Si ce vieux routier du cinéma qui appréciait mon écriture et croyait en moi tenait un tel discours, c'était plus que de mauvais augure, j'allais clairement me prendre un refus général. À lui seul, ce professionnel exprimait la pensée du septième art. Je nous voyais déjà ma *Mante* et moi nous faire jeter des studios, des chaînes, du CNC comme deux pauvresses : « Cosette et Causette »… « *On ne veut pas entendre ce discours de foi sur les plateaux ! C'est du prosélytisme religieux !* » C'est quand même curieux qu'à une époque où le mot-clé est Liberté – liberté d'expression, liberté sexuelle, liberté de la liberté – on trouve autant de barrages quand on s'écarte de la pensée unique. En tous cas, il n'était plus question pour moi de faire l'autre film, la « Cosette Mante » s'imposait à moi. Du coup, il fallait repartir à zéro ! Mais comment s'y prendre ? « Après tout Seigneur, c'est Ton affaire ! C'est Toi qui m'as fait écrire ce scénario, c'est Toi qui m'as mis ce film dans les veines, alors je Te l'abandonne. Fais-en ce que tu veux. »

Quelques mois après, alors que je priais et que mes pensées voguaient bien au-delà des Îles du cinéma, le Seigneur m'interpelle – entre nous, c'est ambiance *Don Camillo et ses voix...*

— Ma fille, tu feras ce film grâce au soutien de mon Église et... des patrons chrétiens !

— Gloups, qu'est-ce que c'est encore Seigneur ? Késako les *« patrons chrétiens »* ?

Je n'en avais jamais entendu parler. Je suis tout sauf mondaine, je vis à la campagne et mes mondanités se limitent aux codes de dame nature, des chiens, des biches et des lapins. Vraiment Le Seigneur est surprenant, Il se révèle là où on L'attend le moins. Cela aurait été tellement plus logique qu'Il prenne « quelqu'un du milieu », une femme de réseau papillonnant d'une communauté à l'autre, une bonne mère de famille et tout le kit qui va avec. Mais non, il fallait que cette tâche me revienne à moi, petit roi David en jupons en dehors de tout système. Une marginale de Dieu. Décidément, Notre Seigneur manifeste toujours Sa Gloire dans notre pauvreté.

Le reste s'est enchaîné très vite. Quelques jours après, je suis tombée « par hasard » sur un bouquin qui allait devenir mon livre de chevet après la Bible, la « pierre angulaire » qui changerait toute ma vie : *Les réseaux cathos,* de Marc Baudriller. Cet ouvrage m'apportait sur un plateau la liste des patrons chrétiens les plus influents. Les plus grands noms y figuraient. Malheureusement, il n'y avait pas leur portable mais c'était un bon début. Ce livre sous forme d'enquête, était ponctué de témoignages d'entrepreneurs avec un gros cœur et un gros portefeuille, désireux de faire positivement tourner leurs deniers.

Le témoignage d'un jeune geek et auteur m'a particulièrement interpelée, pas pour son compte en banque mais par les trésors de foi que renfermait son cœur. Jean-Baptiste Maillard tel est son « nom de code ». La trentaine, des yeux perçants qui vous scannent au premier regard, une trottinette chromée, le tout agrémenté d'un chapeau en feutre digne de faire saliver tous les *Tontons flingueurs* de la planète ! JB est un personnage vraiment atypique, une sorte de croisement entre *James Bond* et *Le Professeur Tournesol.* Pour résumer, c'est un amoureux du Christ aussi timbré que moi ! Je lui ai écrit sur Facebook :

« Cher Monsieur, bravo pour votre témoignage ! Priez pour moi, je suis une jeune réal et j'aimerais faire un film sur une Marie-Madeleine des temps modernes. »

C'était un lundi de Semaine Sainte. Le lendemain, nous déjeunions ensemble. Et tout est parti de là ! Après Dieu, Jean-Baptiste adorait le cinéma. Comme moi, il pensait qu'il n'y avait rien de plus efficace qu'une salle obscure pour révéler la Lumière. La puissance des images. Très rapidement il m'a parlé d'un de ses amis ouvert à l'art, et au carnet d'adresses plus que sensible : Monseigneur Rey, l'évêque de Toulon.

Quarante-huit heures après, le Jeudi Saint, alors que je sortais les bras remplis de fleurs pour les déposer au Reposoir, mon portable sonne en numéro masqué. J'hésite puis finalement décroche.

— Bonjour, j'aimerais parler à Natalie Saracco, lâche un homme au timbre assuré.

Était-ce à cause de sa voix grave et de son ton sévère, le fait est que ses mots m'ont replongée dans un état de culpabilité enfantine. J'avais six ans et me préparais à me faire disputer par cette voix « maître d'école ».

— Oui, balbutiais-je, inquiète.

— Monseigneur Rey ! lâcha la terrible voix. Alors vous voulez faire un film sur une Marie-Madeleine contemporaine ?

— Oui, murmura la petite Natalie.

— Je trouve ça très bien !

— Moi aussi, osa-t-elle répondre.

— Vous faites quoi pour Pâques ?

La petite Natalie rétorqua naïvement :

— Ben, je vais à la messe.

— Moi aussi, lâcha amusé Monseigneur Rey. On pourrait peut-être y aller ensemble ? Je vous invite à passer le week-end pascal chez moi à Toulon !

— Heu… heu… oui, oui… marmonna la petite, bonne idée ! Sauf qu'il faut que je demande à mes parents. On avait prévu de passer les fêtes de Pâques ensemble. Ils sont seuls et âgés, je ne veux pas les lâcher au dernier moment et leur faire de la peine.

— Très bien ! Tenez-moi au courant dit-il avant de raccrocher.

Le lendemain, le Vendredi Saint, alors que je sortais à peine du Chemin de Croix, rebelote mon portable sonne en numéro masqué.

— Monseigneur Rey à l'appareil alors, vous venez ?

— Oui mon Père. Pardon, Monseigneur.

L'embrouille Rey

Après une nuit blanche passée au volant, me voilà enfin arrivée à Toulon. J'avais deux heures devant moi avant de rencontrer Monseigneur Rey. Je me suis précipitée sur le premier boui-boui hôtel venu pour prendre une douche et me reposer. À peine allongée, mon interlocuteur « masqué » m'appelle :

— Alors vous faites quoi ? On vous attend !

Quel était donc ce « on » imprévu ? Il était question d'un déjeuner en tête-à-tête avec l'évêque et voilà qu'un « on » venait jouer les trouble-fête ! Peut-être un ami prêtre ai-je pensé. Ça va, je pourrai gérer mon trac. Tu parles Charles ! Lorsque je suis arrivée à l'Évêché, je me suis retrouvée devant une vingtaine de personnes attablées qui attendaient goulûment ma venue ! Il y avait toutes sortes de gens. Ça allait de l'ancien toxico SDF, en passant par une troupe de danseurs brésiliens jusqu'à un jeune couple BCBG que l'évêque préparait au mariage. Monseigneur Rey s'est approché de moi souriant, a fait assez rapidement les présentations puis il a lâché le plus naturellement :

— Témoigne.

— Pardon ? « Témoigner » ?, raclai-je de la voix. Mais de quoi ?

— De ton accident et de ta rencontre avec le Sacré-Cœur de Jésus.

JB, l'homme à la trottinette chromée, avait déjà vendu la mèche.

— Mais mon Père, pardon, Monseigneur, je n'ai encore jamais témoigné. J'ai juste raconté mon histoire à une poignée de proches c'est tout.

— Témoigne, lâcha-t-il de ses deux mètres de haut.

Ça y est : l'imposante voix « maître d'école » avait retrouvé « la petite Natalie ». « Mon Dieu, dans quel guet-apens tu m'as fourrée. La honte ! C'est tellement personnel comme histoire, tellement intime. Ils vont tous me prendre pour une folle bonne à enfermer ! « Salut à vous illustres inconnus ! Je m'appelle Natalie et j'ai vu le Cœur de Jésus qui M'a parlé ; mais à part ça je suis tout à fait normale. »

Et puis, je me suis lancée. Plus je parlais, plus j'avais l'impression d'être la victime d'un poker strip : chaque mot qui sortait de ma bouche enlevait une partie de mon armure pour finalement me mettre à nu. À un moment donné, Monseigneur Rey s'est arrêté de manger comme si mes propos – de dingue – lui avaient en une bouchée coupé l'appétit. Lui et ses deux mètres dix se sont levés énergiquement et ont commencé à faire les cent pas le long de la pièce. Les bras dans le dos, le maître d'école s'était transformé en Général de l'armée. J'allais maintenant passer sous les armes… « Seigneur, qu'ai-je bien pu dire pour mériter une telle sanction » ?!

Portée par l'étrange force d'un condamné qui n'a plus rien à perdre, j'ai continué. Au bout d'une dizaine de minutes après plusieurs kilomètres de marche, le « géant militaire » s'arrêta et prit son portable.

— Allô Vincent ? C'est Dominique. Il faut absolument que tu rencontres au plus vite une jeune femme qui a besoin d'aide.

Contre toute attente, ce Vincent n'était pas psychiatre mais chef d'entreprise ! Il figurait parmi le top ten des patrons chrétiens dont le bouquin parlait.

C'est ainsi que je me suis retrouvée quelque temps après dans le bureau, que dis-je l'immeuble, d'un des hommes d'affaires les plus influents. C'est étrange comme d'un coup d'un seul, notre vie peut basculer. Je me revois encore débarquant chez ce bon vieil évêque totalement décalquée, la tignasse ébouriffée tout droit sortie de *La Guerre du Feu*, lui parler d'un film sur une Marie-Madeleine des temps modernes. C'est juste surréaliste ! Mais le plus surprenant, c'est que la « vraie Marie-Madeleine » arrivait deux jours après par bateau. Toulon allait recevoir les reliques de la plus grande Sainte de tous les temps ! Celle dont Jésus lui-même a souhaité que partout où Son Évangile serait proclamé, on parle d'elle. Marie-Madeleine ou la glorieuse manifestation du Pardon de Dieu plus fort que le péché. Marie-Madeleine, la première des apôtres à voir le Christ ressuscité et à briller de Sa Miséricorde car *« elle a beaucoup aimé »*.

Pas de plan, pas de GPS, une ville entière à traverser mais qu'importe, Luciole dit « Lulu », mon super ange gardien, est à mes côtés. Je n'ai pas peur, j'avance rassurée voire amusée. Je constate encore une fois que le Seigneur semble avoir une prédilection pour Ses brebis « à l'ouest ». Ça tombe bien, c'est à l'ouest de Paris que je me rends. J'arrive pile poil à l'heure. Vincent, l'ami de Monseigneur Rey, m'accueille souriant. C'est un homme avenant et simple, rien à voir avec l'idée parfois préconçue que l'on peut se faire d'un grand patron. Au contraire, ce Vincent dégage une certaine humilité. À peine avais-je passé la porte de son bureau que celui-ci me mit devant le fait accompli :

— Il ne faut pas compter sur moi ! Monseigneur Rey m'a touché deux mots de votre projet de financement, je préfère être franc avec vous, ça se fera sans moi ! En tant que patron, je suis sur-sollicité ! Je n'arrive même pas à honorer mes engagements alors pensez donc, me lancer dans une nouvelle aventure, c'est hors de question !

Premier rendez-vous, première veste, et pas la moindre ouverture. « *J'ai compris Seigneur, tu m'as envoyée ici pour parler de Ton Sacré-Cœur.* » Après avoir réussi mon examen de passage devant Mgr Rey et sa troupe, j'étais parée pour témoigner devant la Terre entière ! J'ai prié l'Esprit Saint et je suis partie les yeux fermés, le cœur ouvert. Au moment de prendre congé, Vincent me demande si je n'ai pas un scénario à lui laisser. Je lui tends machinalement un exemplaire et disparais sans rien attendre. Quelques semaines après, Vincent m'appelle et me donne rendez-vous au Fouquet's. Quel sketch mon épopée au Fouquet's, j'en ris encore ! J'avais exprès mis un manteau chic sauf qu'il était rempli des poils de mes chiens et s'était transformé pour l'occasion en manteau de fourrure ! La classe. Quant à mes élégantes bottes en cuir italien, elles étaient pleines de boue ! Au moment de quitter la campagne, le ciel farceur m'avait auréolée d'une splendide averse. Grâce à un filtre magique provenant sans doute du Saint Esprit, le distingué Vincent n'a vu que du feu !

— Natalie, j'ai lu votre scénario. Il est passionnant ! Dès la première page, il tient le spectateur en haleine et ce jusqu'à la fin. C'est un film coup de poing qui interpelle.

Le golden boy me tend la main, un grand sourire aux lèvres :

— Banco ! Je vous soutiens.

Du jour au lendemain, je me suis retrouvée dans la divine spirale des patrons chrétiens ! Mais le pari était loin d'être gagné. Chaque fois qu'un mur s'abattait, il y en avait un autre derrière.

Le guet-apens du Sacré-Cœur

Avec un certain sourire, je me rappelle d'une embuscade tendue par Jésus. Cela faisait des mois que je courais sans relâche à la recherche de financements et de têtes de réseaux. C'était un lundi soir, j'étais épuisée. Le lendemain, repos ! Je n'avais pas à parcourir des centaines de kilomètres en vue d'un hypothétique rendez-vous qui parfois s'annulait au dernier moment ou bien se soldait par un échec. Je m'entends encore dire *« demain, je n'ai rien, je vais enfin pouvoir me reposer »*. J'attendais ce break providentiel avec impatience ! À peine ai-je dit cela que mon téléphone sonne. C'est « JB Bond-Tournesol ».

— Natalie, il faut absolument que tu sois demain matin à Paray-le-Monial. J'aimerais te présenter une personne qui a un super-réseau et qui connaît de gros portefeuilles ! J'ai réussi à organiser un déj' avec toi, continua-t-il tout fier.

– *Sorry*, je suis crevée, je n'ai pas la force ! Vu que cette personne vit à Paris, organise une rencontre sur Paname. Franchement, qu'est-ce que je vais aller faire à Paray ? !

JB insista comme lui seul, Dieu et moi savons le faire. Je n'avais pas d'autres choix que de capituler. Me voilà donc le lendemain matin aux aurores – aux horreurs devrais-je dire – gare de Lyon pour prendre le train direction Le Creusot. Arrivée à destination, je découvre un Jean-Baptiste plus en forme et enthousiaste que jamais. « *Une heure enfermée avec lui en voiture, ça promet.* »

Après avoir subi les propos passionnés et embrasés de mon acolyte – je n'aspirais qu'à ronfler – nous voilà enfin arrivés à Paray. C'était le rassemblement de la communauté de l'Emmanuel. Il faisait très froid, j'étais fatiguée, limite fébrile. « *Seigneur, tu m'as fait venir ici pour toucher le jackpot, c'est sûr, sinon, tu m'aurais laissée tranquillement me reposer au coin du feu à côté de mes pantoufles* », me suis-je dit. Mais ce que j'ignorais à l'époque, c'est que « l'appellation pantoufles » ne figure pas dans le divin vocabulaire du Verbe Incarné.

Le repas avait lieu à midi. À 12h20, je suis congédiée. Comme on dit, « le courant n'est pas passé ». Me voici donc larguée dans cette ville grise sous un ciel noir sans avoir le moindre endroit où me reposer. Je suis allée me réfugier dans le premier café venu – juste en face de la chapelle de la Visitation là où Marguerite-Marie a eu ses apparitions. J'étais congelée, épuisée. L'idée de prendre un grog pour me réchauffer me traversa l'esprit. Il fallait tenir bon jusqu'à 18h30, heure à laquelle mon train de retour allait me délivrer de ce cauchemar ! Mais Lulu, mon ange gardien, connaissant mon aptitude à l'intempérance « commanda à ma place ».

— Un chocolat s'il vous plaît !

Avant mon accident, je ne connaissais pas plus Marguerite-Marie que sœur Faustine. C'est en racontant mon histoire que leurs existences m'ont été révélées. Le message adressé à ces deux sœurs ressemblait étrangement au mien. À maintes reprises, le Seigneur avait fait du forcing pour m'entraîner à Paray-le-Monial mais à chaque fois, j'avais décliné son invitation prétextant que l'urgence se trouvait dans la recherche du financement et non dans ce pèlerinage. C'est curieux comme parfois on peut être hermétique aux signes et aux appels de Dieu ou même endormi. Quoi qu'il en soit, on ne lutte pas avec Dieu, Il est pire qu'une femme ! Quand Il veut quelque chose, Il l'obtient. « *Seigneur, me voilà donc à Paray... Très bien ! Mais pourquoi juste aujourd'hui où je suis à ramasser à la cuillère ? Je vais aller prier à la chapelle une heure, deux heures mais après, que vais-je faire ?* » J'avais juste six heures à tirer. « *Cependant mon Dieu, Tu ne fais rien au hasard, si Tu m'as conduite ici, c'est qu'il y a bien une raison.* » Quelques minutes après, me voici à l'intérieur de la chapelle. Le lieu particulièrement habité invitait au recueillement. Ça tombe bien, j'aime me recueillir. Après avoir prié et contemplé émue les fresques au-dessus de l'autel, je tombe à genoux. Je sens la chaleur de l'Amour de Dieu m'envahir telle une caresse. C'est bon... Un mélange doux et intense à la fois. À l'instant même débarque un car de Japonais ! Eux habituellement si discrets, rivalisent en bruyantes exclamations. Me voilà tout d'un coup encerclée par leurs flashs, leurs Ipods et leurs dépliants multicolores ! Impossible de lutter. J'arrête ma prière et me dirige vers la sortie pensant revenir un peu plus tard. À gauche, en sortant de la Chapelle, je remarque une librairie. « *Parfait, je vais pouvoir flâner au milieu des livres en attendant que l'invasion nipponne se dilue.* » La librairie tenue par des sœurs était pleine à craquer de Nordiques. Après avoir réussi de justesse à échapper à l'assaut du Soleil Levant me voici livrée aux Allemands ! Fatiguée, au bord de la crise de claustrophobie, je décide de m'en aller quand soudain une sœur voile au vent me rattrape :

« Mademoiselle, Mademoiselle, j'ai quelque chose pour vous. Attendez-moi deux minutes le temps d'aller la chercher. »

Étrange cette sœur. Ele ne me connaît ni d'Ève ni d'Adam et veut me donner quelque chose. La sœur revient à la hâte un imprimé à la main.

« Tenez c'est pour vous dit-elle en tendant fièrement le papier. Je ne sais pas pourquoi mais c'est pour vous. Le Cœur de Jésus souhaite que je vous le remette. »

Je jette un furtif coup d'œil : « *Garde d'Honneur du Sacré-Cœur de Jésus* »[1]. Je regarde la sœur surprise, sans réellement bien comprendre.

« Vous avez de la chance rajouta-t-elle, la sœur qui s'occupe de la Garde d'Honneur est là aujourd'hui. Allez la voir de ma part. »

Elle disparaît me laissant seule avec cet étrange papier aux accents moyenâgeux. « *Bon, ben, puisque je suis là, j'y vais et puis de toutes façons comme j'ai du temps devant moi…* » Je frappe à la porte qu'on m'avait indiquée. Pas de réponse. J'insiste, une religieuse finit par ouvrir. Elle semble épuisée, je la dérange clairement.

1. www.gardedhonneurdusacrecoeur.org.

J'ai appris par la suite pourquoi elle était dans cet état. Tout simplement parce qu'elle souffrait le martyre et venait d'apprendre qu'elle avait une polyarthrite rhumatoïde. Saleté de maladie.

— Que voulez-vous ? lâcha-t-elle d'une voix usée qui en disait long sur son état de santé.

— Ben, heu… Je ne sais pas très bien. Une sœur m'a donné cet imprimé et m'a dit de venir vous voir.

À l'instant même, ses yeux sont remontés à la surface de ses paupières. En mode sous-marin, seul son amour pour Dieu pouvait la faire émerger.

Une petite pièce avec un bureau de fortune.

La sœur s'assied péniblement, elle m'observe sans rien dire plongeant ses yeux brillants de foi dans les miens, finissant par m'intimider. Je prends sur moi et murmure : « C'est quoi les Gardes d'Honneur du Sacré-Cœur ? » La vieille sœur se lève d'un bond ! À la place de ses yeux, deux étoiles. Elle m'entraîne devant un vieux parchemin accroché au mur et commence à me raconter l'histoire de la Garde d'Honneur. Et là, moi la fière, la costaude, je fonds en larmes. Cet ordre remonte au Moyen Âge. Il a pour vocation de consoler le Cœur de Jésus en offrant une heure fixe tous les jours de sa vie en se projetant en pensée au Saint Tabernacle. Concrètement, cela veut dire passer une heure de son temps sans rien changer à ses activités, en présence de Jésus, non pas dans la prière mais dans la pauvreté de notre humanité. Si l'heure de garde choisie est durant le ménage, il faut solliciter Jésus à tenir le balai avec soi ! Si l'heure est en plein apéro et debriefing d'une journée de travail, il faut l'offrir au Seigneur et Le convier à sa table. En gros, si j'ai envie de critiquer mon frère et de me resservir un verre plus que de raison, je ne le fais pas et l'offre à Dieu pour lui dire « je T'aime » et Le consoler. Devenir Garde d'Honneur, c'est inviter officiellement, consciemment Jésus à mettre les mains dans le cambouis de nos vies. C'est vivre avec Lui sa foi de manière accessible, simple et totalement incarnée. Croyez-moi, c'est juste super ! Ça peut paraître évident pour un croyant sauf que cette approche change tout. La foi devient concrète. Chaque fuseau horaire correspond à une intention particulière. Par exemple, l'heure que j'ai choisie est dédiée à la Gloire et au Règne du Cœur de Jésus. Une autre servira pour venir en aide aux familles en difficulté, une autre pour les âmes du purgatoire, une autre encore pour consoler le Seigneur des blasphèmes, etc. Être Garde d'Honneur n'a rien d'un titre honorifique. Ce n'est pas parce que l'on mène – ou plutôt que l'on croit mener – une pieuse vie que l'on mérite le titre de Garde d'Honneur. Bien au contraire sinon le Très Haut ne serait pas venu chercher la très basse que je suis. La Garde d'Honneur n'est pas une récompense pour de bons et loyaux services mais une invitation pour aller plus loin dans l'intimité du Cœur de Jésus.

Au risque d'en choquer plus d'un et plus d'une, je pense même qu'une prostituée peut devenir Garde d'Honneur du Sacré-Cœur si pendant son heure, elle refuse les hommes mariés ou bien fait une pause. Qui sommes-nous pour juger ? Avec Dieu, aucune porte n'est jamais fermée (Lc 15, 7) : « *Il y aura plus de joie au Ciel pour un seul pécheur qui se convertit que pour 99 justes.* » La sœur et moi avons passé plusieurs heures « lovées » dans les bras l'une de l'autre à parler de Notre Bien-Aimé si bien que j'ai failli rater mon train ! Deux petites filles libres et légères en sortie au doux Pays de l'Amour… Le kiffe !

« Mesdames, laissez-moi vous dire que Le Seigneur est le meilleur des Botox ! Avec lui, on ne vieillit pas, on garde son cœur d'enfant. » C'est sans doute pour ça que les religieuses font souvent si jeunes. À 20 ans, tout le monde est beau, c'est après que ça se complique ! On finit par porter son âme sur son visage.

En tous cas, si il y a bien une époque où le Cœur de Jésus a besoin d'être consolé, c'est bien la nôtre ! C'est peut-être pour cette raison que cet ordre tombé en désuétude depuis longtemps refleurit mystérieusement.

« Que c'est bon Seigneur de se laisser faire par Toi, d'oser se laisser aimer tels que nous sommes. »

Je me revois encore dans le train du retour le visage collé à la fenêtre, l'air niais et sublime d'une amoureuse de seize ans ! Jésus m'a tendu un guet-apens pour m'avoir encore plus à Lui, me donnant rendez-vous dans le fief de son Sacré-Cœur. On attire les mouches avec le miel et non avec le fiel. La seule carotte susceptible à ce moment-là de me faire bouger, c'était le financement du film. Je croyais trouver à Paray-le-Monial des billets. Le seul billet que j'ai trouvé est un billet doux provenant de Son désir pour moi à me compter parmi les favorites de Son Divin Harem.

Merci Seigneur pour ce merveilleux traquenard. J'en veux encore.

L'incontournable petit gris

Les trois outils privilégiés dont je disposais étaient la prière, le fameux livre et Internet. Moi qui déteste m'isoler dans le monde virtuel et trompeur d'Internet, j'ai dû y passer des heures ! Suspendue au clavier, je menais une enquête sur les patrons et les « VIP » chrétiens digne de l'inspecteur Colombo. La photo d'un moine revenait souvent. Chaque fois qu'une personnalité chrétienne était flashée, le moine n'était pas loin. Comme dans le jeu des 7 erreurs, il suffisait de bien observer la scène pour le découvrir soit au détour d'une table de 3/4 dos ou bien serrant une main. Et pour cause, ce religieux était une sorte de coach spirituel des grands patrons. Il était présent sur tous les fronts, de Davos en passant par les salons de l'hôtel Raphaël à Paris. Après des jours et des jours de recherche, ce mystérieux moine était devenu mon cœur de cible. Par lui, je pouvais atteindre tous les gros portefeuilles cathos. Il fallait absolument que je le rencontre ! Mais comment faire ? Pas la moindre adresse, pas le moindre numéro. Jusqu'à ce que la Providence intervienne encore une fois par le biais de mon « militaire d'ami-maître d'école », Monseigneur Rey !

Quelques jours après notre rencontre, je suis retournée à Toulon en pèlerinage pour prier devant les reliques de Sainte Marie-Madeleine que la ville accueillait. Monseigneur Rey m'avait proposé de le rejoindre à un déjeuner simple entre amis. Heureuse, je m'engouffre dans ma voiture direction le domaine de la Castille où l'intime déjeuner avait lieu. Arrivée là-bas, impossible de se garer ! Il ne restait aucune place pas même au parking improvisé. J'ai dû laisser ma voiture dans un champ ! Il y avait des dizaines et des dizaines de tables dressées. Les gens arrivaient par groupes de-ci de-là. Parmi eux beaucoup de jeunes, surtout des séminaristes. À deux reprises l'évêque vient me chercher et m'introduit auprès de convives attablés. La première personne qu'il me présente est une jeune femme. Notre « entremetteur » se contente juste de nous installer l'une face à l'autre et de nous balancer avant de s'éclipser : « Je ne sais pas pourquoi mais il faut que vous vous parliez ! Vous avez des choses à partager… » Puis il disparaît nous laissant mal à l'aise sans savoir du tout quoi nous dire. *« Vous avez des choses à partager. »* Ce n'était pas pour échanger sur la pluie, le beau temps et le « chant de la garrigue » qu'il nous avait présentées. Au fur et à mesure de la conversation, nous sommes arrivées sur la foi et le cinéma. Et là, bingo, j'apprends que cette personne assistait mon mystérieux moine dans sa toute nouvelle mission : promouvoir l'esprit chrétien à travers l'art ! Ça ne pouvait pas mieux tomber. Frère Samuel – tel est son petit nom – est également prêtre et fait partie de la communauté Saint-Jean, des « p'tis gris » comme on dit. J'exulte et supplie mon interlocutrice d'organiser un rendez-vous.

« Un rendez-vous avec frère Samuel ? Mais ma pauvre petite, n'y pensez même pas ! Il est plus occupé qu'un ministre ! Même si son nouveau point d'attache est en Avignon, il passe son temps à faire des conférences et des missions dans le monde entier ! »

Cette chère dame ne savait pas à qui elle s'adressait. « *Impossible n'est pas français* » et encore moins Saracco. Après avoir exercé sur elle une imperceptible pression, j'ai fini par lui extirper le mail du Frère apparemment très confidentiel. Ma besogne terminée, l'évêque réapparaît.

— Viens, suis-moi ! lançait-il énergiquement. Son objectif : une table excentrée où se trouvent des sœurs vêtues de blanc un cœur rouge brodé sur la poitrine. Tel un doudou, il me traîne en droite ligne jusqu'à la cible. Les religieuses, accompagnées d'un jeune homme, déjeunent recueillies. Pas un seul son, pas la moindre parole ne s'échappe de leurs lèvres. Leur repas ressemble à une prière. Cette table avait fait vœu de silence. Monseigneur Rey s'adresse à elles avec une douce autorité.

— Mes sœurs, je vous donne la permission de briser le silence et d'échanger avec Natalie. Elle a une histoire à vous raconter qui va vous plaire. Puis il se tourne vers moi et me lance sa phrase préférée :

— « Témoigne ! »

De cheveu sur la soupe qui les dérangeait en plein repas, je me transformais sans transition en illuminée du Christ ! L'évêque disparaît encore une fois, me laissant seule porter le chapeau – ou le bonnet d'âne – de ma rencontre avec le Seigneur. Ce que j'ignorais, c'est que j'avais à faire à des sœurs dont la vocation était de consoler le Cœur souffrant de Jésus. Petit à petit, la muette et austère table se transforma en table de festin ! Tandis que la parole coulait à flots, nous échangions les mets les plus succulents et les plus rares provenant directement de la nourriture Céleste. Quant au jeune homme à leurs côtés, il ne se faisait pas prier et se jetait goulûment sur les divins aliments rajoutant tantôt du miel de la connaissance et du sel de la foi. Il faut dire qu'il était bien prédisposé : ce beau brun à l'âme de soie était séminariste. *«Le Seigneur a décidément bon goût !»* Nous quittâmes la festive table tard dans l'après-midi, comblés et affamés à la fois. « Les sœurs de la Consolation » – c'est leur nom – sont devenues de véritables amies.

D'emblée on s'est aimées ! On s'est reconnues avant même de se connaître. La vraie famille est celle du cœur. Ce n'est pas moi qui le dis, c'est Jésus (Mt 12, 48-50) : *« Qui est ma mère et qui sont mes frères ? Montrant de la main ses disciples il dit : voici ma mère et mes frères, quiconque fait la volonté de mon Père qui est aux cieux, c'est lui mon frère, ma sœur, ma mère. »* Évidemment, qui mieux que Marie pouvait être la mère du Christ ?

Le Rambo du Bon Dieu

De retour en Normandie, je me jette sur mon fidèle assistant électronique – l'ordi et moi commencions à sympathiser – et j'envoie un mail au « moine VIP ». Le temps passe, pas de réponse. J'insiste, il finit par se manifester :

« *Merci pour votre mail chère Natalie. Excusez-moi, je ne vous ai pas répondu, j'étais à l'étranger. Je vous propose que nous reprenions contact dans trois mois. En ce moment, je suis surbooké et ne descends pas à Paris.* »

Ni une, ni deux et sûrement pas « trois » – mois ! Depuis mon accident, je me sens en sursis, je n'ai pas une minute à perdre. Du reste, quand on a une mission ou une personne dans la peau, les tripes ont le dernier mot ! La passion, ennemie jurée de la raison, fait la guerre au temps.

« *Cher père, merci pour votre réponse. Vous êtes débordé, je comprends très bien. Je vous demande juste vingt minutes de votre temps que je sais précieux. Vous êtes en Avignon, pas de problème, je me déplace.* »

« *Chère Natalie, je peux vous proposer le lundi dans un mois, le mardi de la semaine d'après ou bien demain.*

« *OK, j'arrive !* »

PS : au fait, je n'ai pas votre adresse !

C'est ainsi que je me suis retrouvée le lendemain en Avignon aux portes du fief des « petits gris ». Je sonne, la sonnerie est HS. Je frappe, pas de réponse. « J'insiste » – ce verbe est très présent dans mon vocabulaire – on finit par m'ouvrir. Je découvre enfin le fameux Frère Samuel : c'est un bel homme aux larges épaules et au regard perçant. Sa façon bien stable de se tenir les pieds dans le sol, sa manière d'occuper l'espace en imposent d'entrée. Mal rasé, les cheveux en bataille, il donne l'impression de se réveiller mais c'est juste une impression. En réalité, cet homme de Dieu, Ministre des affaires du Très-Haut – plus qu'étrangères au monde, hélas – ne dort jamais ! Il est sur tous les fronts et dans tous les pays, à croire qu'il se dédouble. Mais ce qui m'a le plus frappée chez lui, c'est sa tenue de combat : une grande robe grise en tissu épais, des sandales qui ont fait plusieurs fois le tour du monde sans parler de son énorme chapelet sur le côté qui pend telle une mitraillette. J'avais devant moi un « Rambo du Bon Dieu » ! Comme dans le film, il était paré pour la guerre sauf qu'il ne s'agissait pas du même combat : les grains avaient remplacé les balles. Très vite, on comprend qu'on n'est pas là pour plaisanter.
– Entrez, je vous en prie, lança-t-il en essayant de paraître civilisé.

Je pénètre dans son repère spirituel un sablier dans la tête. Les minutes m'étaient comptées, il fallait que je les utilise à bon escient.

Une pièce froide aux allures de salle de classe.

— Allez-y, j'ai très peu de temps.

— C'est très simple mon père, je suis réalisatrice, j'ai failli crever, j'ai rencontré le Sacré-Cœur de Jésus et je prépare un film sur la Miséricorde. L'histoire d'une fille paumée qui va s'ouvrir à Dieu, une sorte de Marie-Madeleine des temps modernes.

Le religieux me regarde intrigué sans dire un mot.

— Ah oui, j'oubliais : j'ai besoin de deux millions d'euros pour le produire mais vous allez me les trouver puisque vous connaissez tous les riches patrons chrétiens ! Il suffit juste de me les présenter, Dieu fera le reste. Vous verrez comme ils ont la foi, ils se bousculeront pour contribuer au financement d'un tel film ! Nous n'aurons que l'embarras du choix !

Je revois encore le visage de Frère Samuel estomaqué. Un mélange de stupeur et d'amusement. Le fou rire fini par le gagner. Et moi aussi. D'une nature joyeuse, il en faut peu pour m'entraîner. Au bout de cinq minutes de franche rigolade à se taper sur le ventre, je finis par prendre la parole.

— Au fait mon père, qu'est-ce qui vous fait rire ? dis-je le plus naïvement du monde.

— Vous ! me répondit-il, devenu tout à coup sérieux.

— Moi ?

Mon visage tout entier se transforma en un immense point d'interrogation.

— Vous venez de quelle planète ? Je connais les patrons chrétiens pour savoir qu'ils ne vous donneront rien !

— Mais comment ça puisqu'ils ont la foi ? Il y a urgence plus que jamais d'annoncer la Parole de Dieu et Sa Miséricorde à ce monde en perte de repères et de sens ! L'image et plus particulièrement le cinéma, sont des outils privilégiés. Les jeunes vont pouvoir s'identifier !

À partir de là, je n'ai plus pu en placer une – j'avais trouvé plus bavard que moi. À travers une implacable rhétorique, Frère Samuel me démontra les raisons évidentes de leurs futurs refus.

— En plus, le cinéma, surenchérit-il, c'est du chinois pour ces gens-là ! Ce sont des hommes d'affaires, pas des artistes.

— Oui mais ce sont des Fils de Dieu avant d'être des hommes d'affaires. Si Dieu veut, ça se fera. Et je sais dans mon cœur que c'est Sa volonté.

— Si c'est le cas, si c'est vraiment le Seigneur qui est derrière ça, vous réussirez ! Mais croyez-moi, ça sera un miracle.

J'ai quitté le Frère toute guillerette. Étrangement, ses paroles plus que décourageantes, avaient eu sur moi l'effet inverse. Ce challenge – lever des fonds en pleine crise économique pour faire un hypothétique film sur la miséricorde – n'était pas le mien mais celui du Bon Dieu.

Plus les choses d'un point de vue humain paraissent impossibles, plus le Très-Haut peut manifester Sa Gloire et Sa Toute-Puissance. Le miracle allait avoir lieu. À moi de ne pas le rater.

De retour en Normandie, je prie, confiante. Tout est dans Ses divines mains, peu importe ce qu'il m'arrive. Les jours passent ainsi calmement, sereinement. Je baigne dans la prière, l'Eucharistie, la nature. J'ai le sentiment d'être une sportive que le Seigneur prépare au marathon. Ces journées entières en tête-à-tête avec Lui sont une bénédiction. Moi d'une nature si active, si impatiente, j'apprends à me laisser faire tel l'argile dans les mains du potier.

Un soir, mon portable sonne. C'est frère Samuel. Il vient de lire le scénario de *La Mante Religieuse*. Il est bouleversé :

Faire un film qui parle de religion, il n'y a rien de plus casse-gueule. Le sujet étant si délicat, difficile de ne pas tomber dans le piège du « trop » ou du « pas assez » ou bien du pathos.

Cet homme brûlant de foi, bouillonnant d'intelligence, m'appelle et me garde une heure au téléphone pour me parler de mon film. Il décortiquait les mots, analysait chaque situation, passait au crible les dialogues. Au final, j'ai eu droit à un cours sur mon propre scénario ! Il n'empêche qu'il m'a fait découvrir à l'intérieur même du texte, des angles qui m'avaient totalement échappé.

« *Je vais vous donner mon carnet d'adresses* », dit-il simplement avant de raccrocher.

Rambo à l'assaut, la *Mante* à table

Après le martyre des premiers chrétiens, voici le martyre des patrons chrétiens. Les pauvres malheureux ! Les voilà maintenant pris en sandwich entre *« Rambo du Bon Dieu »* et *« La Mante très religieuse ».* On avait fait une liste comme pendant la guerre. Aucun d'eux ne nous avait échappé ! De jour en jour « la peau de chagrin » s'agrandissait et se transformait en peau de butin. Pour commencer, frère Samuel m'a donné leur mail. Ils ne répondaient pas. Très vite, on est passés à du lourd : les 06 ! On était organisés comme des professionnels, de vrais gangsters, « Bonnie Saracco and Clyde Rambo ». Au début, je servais d'appât. J'appelais innocemment de la part du frère pour avoir un rendez-vous. Quand cela ne suffisait pas, il passait derrière finir le boulot. Petit à petit, les rendez-vous sont tombés, le flouze aussi. Un gang au service du bon Dieu en mission pour Lui faire le plus beau film de la Terre !

Le nombre de financiers grandissait de jour en jour mais nous étions encore loin de la somme nécessaire. En revanche, nous n'étions plus seuls et ça changeait tout. Les investisseurs eux-mêmes, plus que motivés, organisaient des dîners-rencontres autour de moi. Petite collation, quelques brèves de comptoir de châteaux et Saracco témoignait de sa folle rencontre avec le Sacré-Cœur de son Bien Aimé ! Beaucoup venaient par curiosité. Je faisais partie des bizarreries du moment que les dîners mondains s'arrachaient. Une sorte d'« Elephant Man » avec la trompe en moins.

Je me rappelle des soirées qu'organisait Vanessa, une coproductrice. Ça valait vraiment le détour. Vanessa est une grande liane blonde follement élégante. Elle ne sort jamais sans son chignon. La première fois que je l'ai vue, j'ai pensé : *« Aïe, aïe, aïe, cette femme et moi, ça ne collera jamais ! »* Elle a un côté vieille France, limite snob. On s'est rencontrées à un dîner où personne ne se connaissait véritablement. Elle accompagnait son époux, un grand ponte de la finance. Inutile de préciser l'ambiance… Les gens empruntés ne savaient pas quoi se dire. Très vite, Vanessa prit les choses en main et contre toute attente brisa le glacial silence, nous faisant directement passer du pôle Nord au cœur de la Toscane.

— Puisque personne ne se connaît réellement et qu'on ne sait pas quoi se dire, je vais faire du « remplissage » lança-t-elle de sa voix haut perchée saupoudrée d'une certaine ironie. Sa réplique me séduit sur-le-champ ! Je me suis mise à aimer son chignon et ses perles fines. Elle se mit à nous raconter une histoire dont tout le monde se moquait – à commencer par elle – avec beaucoup d'humour et de détachement. Au moment de passer à table, nous étions déjà bras dessus bras dessous. Quelques jours après, j'étais invitée dans son hôtel particulier à Neuilly autour d'une « petite collation sur le pouce » qui s'apparentait davantage à un précieux festin. Des tables aussi majestueuses, je n'en avais vues jusque-là que dans *Peau d'âne,* un de mes films préférés.

Niveau soirées et dîners pour plumer ses amis, cette élégante fée n'avait pas son pareil ! Qu'est-ce qu'elle était drôle ! À peine les invités arrivés, elle faisait une annonce en tapant sur sa coupe avec sa cuillère en argent. D'une voix solennelle avec une parfaite diction et des liaisons que plus personne ne fait depuis la fin de la monarchie, elle balançait à ses hôtes le plus naturellement du monde :

— Mes chers amis, merci d'être venus si nombreux.

Il y avait minimum une quarantaine de personnes à ses dîners.

— Si ce soir je vous ai conviés, c'est uniquement pour prendre vos sous ! Que ceux qui ne sont pas encore ruinés par ce satané krach lèvent la main. C'est pour mon amie Natalie qui fait un film !

Tout le monde se marrait et l'applaudissait mais j'avoue que certains riaient jaune. Sa personnalité atypique et décalée me poussa à la faire jouer dans mon film. Totalement à côté de la plaque, elle était parfaite. Malheureusement, j'ai dû couper la scène au montage et sa jeune carrière d'actrice s'arrêta là ! Mais je n'ai pas dit mon dernier mot... Cet arc-en-ciel de femme viendra un jour colorer mon image !

Saracco et sa bande de producteurs sévissaient dans tout Paris ! « *Auteuil, Neuilly, Passy tel est notre ghetto...* »

On se faisait des debriefings réguliers en présence de « Clyde-Rambo-du-Bon-Dieu ». Ensemble, nous élaborions toutes sortes de stratégies, chacun mettant ses compétences et son réseau à disposition. De temps à autre, JB et sa trottinette, venaient nous donner un coup de main. On menait une lutte acharnée contre l'avarice et la spéculation. Dès qu'un nouveau membre rejoignait notre club très fermé, il passait à la casserole du porte-monnaie. Les financiers se marraient, ils retrouvaient leur âme d'enfant. Quel dommage de laisser au vestiaire de l'adolescence son âme d'enfant ! Personnellement, je ne suis pas pressée de « grandir ». L'esprit d'enfance privilégie l'amour. Et seul l'Amour transfigure.

Une scène de vie me vient à l'esprit. J'avais 15 ans et un très vieux chien à moitié sourd et à moitié paralysé. Partout où j'allais, la pauvre bête me suivait. Un jour, alors que j'accomplissais une tâche de la plus haute importance – je me maquillais pour aller à une boum – il réussit à m'interrompre, ce qui tenait du prodige. Collée au miroir du paraître, la respiration bloquée par la concentration, j'effectuais un trait d'eye-liner avec l'application d'un chirurgien opérant à cœur ouvert. Le pauvre animal était là couché, les yeux ronds, à me contempler telle la septième merveille du monde. Ses yeux étaient remplis d'amour. Il me regardait comme si c'était la dernière fois. Je fus tout à coup bouleversée. Portée par l'imperceptible brise de l'amour, mes lèvres laissèrent échapper un « je t'aime ». Ces quelques mots eurent sur lui l'effet d'une potion magique. Le vieux chien à moitié grabataire se leva d'un bond. Ses yeux brûlant de vie étincelaient. Il se tenait droit comme un i avec la fierté d'un cheval de la garde napoléonienne. Tout à coup, il se mit à sauter et à danser – on aurait dit qu'il avait des ressorts sous les pattes ! C'est ça la transfiguration de l'Amour, de l'amour plus fort que tout ; plus fort que la maladie, plus fort que la souffrance, plus fort que la mort. Si nous, pauvres créatures imparfaites que nous sommes, réussissons de tels prodiges grâce à l'amour, imaginez un peu Dieu « Le Seigneur de l'Amour ».

Et si la Vie Éternelle était une transfiguration sans fin sous le regard incandescent de l'Amour de Dieu jusqu'à devenir Lui-même ?

Ali Saracco et les 40 producteurs

Après *Ali baba et les 40 voleurs*, voici venu le temps d'*Ali Saracco et les 40 producteurs.*

Pour trouver le financement de *La Mante Religieuse*, il m'a fallu une sacrée dose de foi. J'ai apporté au Seigneur non seulement «*les cinq pains et les deux poissons*» mais aussi les miettes. J'ai sillonné la France entière et la Belgique – en dépensant le peu d'argent que je n'avais pas – avec comme seul bagage la foi. «*Qu'il soit fait selon Ta Volonté Seigneur. Si c'est vraiment Ton désir, cette œuvre verra le jour.*» Je n'avais aucune formation et encore moins de stratégie pour lever des fonds mais en revanche, j'avais un sacré allié : l'Esprit Saint ! Avant chaque rendez-vous je Le priais et m'abandonnais à Lui. Je me retrouvais dans des situations improbables avec des patrons improbables – certains de mes coprods sont au CAC 40. La plupart ont fait les plus grandes écoles et croyez-moi, tout chrétiens qu'ils sont, pour eux, un sou c'est un sou ! Bref, j'avais à faire à l'élite de la finance et de l'intelligentsia. Pourtant, pas une seule fois, je n'ai eu le trac. J'étais paisible, d'un calme limite inquiétant pour ceux qui me connaissent. J'avais la Force de Dieu. Abandonnée à lui, « je marchais sur l'eau » – je n'avais froid ni aux yeux ni au cœur. Depuis le début de l'aventure, le Seigneur n'a eu de cesse de me répéter que je n'étais qu'un instrument dans Ses Divines Mains, c'est sans doute pour cela que je n'ai jamais eu peur. Ce n'était plus moi qui agissais mais Lui. Cet abandon, cette confiance, c'est vraiment ce qu'Il attend de nous. C'est très simple et tant pis pour mon « image de marque » mais moi, sans Dieu je m'écroule. Je suis une petite fille de quatre ans qui a peur du monde. Avec Lui, je deviens un rouleau compresseur ! Je me transforme en « Wonder Woman – Terminator », le genre d'individu avec lequel il vaut mieux lâcher l'affaire. La persévérance est « La » Grâce qui permet d'arriver. On pouvait me mettre dehors, non seulement je rentrais par la fenêtre mais au besoin par la cheminée. Une vraie Mama Noël.

« Foi, Abandon, Persévérance, Prière. » Ça me rappelle ce passage dans l'Évangile quand la pauvre veuve vient demander justice au juge. Elle ne le lâche pas, nuit et jour elle l'implore jusqu'à le harceler. À la fin, pour avoir la paix, le juge lui donne satisfaction. C'est non seulement vrai dans nos relations humaines mais ça l'est aussi avec Dieu. Le Seigneur ne dit-Il pas (Lc 11, 8) : *« Demandez et l'on vous donnera ; cherchez et vous trouverez, frappez et l'on vous ouvrira »* ?

Pour avancer, il faut se mettre en route, pour se mettre en route, il faut se bouger. La foi ne nous fait pas seulement déplacer des montagnes, elle nous permet d'accéder au sommet. Quelle grâce que la Foi !

Quelle joie que la Foi ! Le Seigneur fait de Ses enfants des Supers Héros : on passe de l'état de comique mortel à mortel « Comics » ! Matthieu (7-24, 26) : « *Ainsi tout homme qui entend les paroles que je viens de dire et les met en pratique, peut être comparé à un homme avisé qui a bâti sa maison sur le roc. La pluie est tombée, les torrents sont venus, les vents ont soufflé ; ils se sont précipités contre cette maison et elle ne s'est pas écroulée, car ses fondations étaient sur le roc.* » La foi en Dieu est non seulement essentielle de notre vivant mais elle l'est aussi au moment de notre mort. La Résurrection ne s'adresse-t-elle pas aux Vivants, à ceux qui ont gardé la Foi, qui croient qu'à ce Dieu d'Amour rien n'est impossible ?

Rien ne peut nous couper de Dieu à part nous-mêmes.

La recherche de financement de *La Mante* a pris environ cinq ans. Il faut savoir que même en plein tournage, je continuais à chercher des sous ! Et ce, jusqu'à la fin.

Le Seigneur m'a fait la grâce de faire des merveilleuses rencontres à travers ce film. Certains financiers coproducteurs sont devenus de véritables amis rejoignant le cercle très fermé de ma famille de cœur. Parmi mes plus belles – et improbables – rencontres, je pense à Hélène cette « jeune aventurière de 87 ans » ! Waouh, quelle claque je me suis prise avec cette femme ! Quelle leçon d'humilité, d'humanité, de confiance et de foi. C'est paraît-il, la senior des investisseurs mais, en réalité, c'est la benjamine. Quand on la voit, elle ressemble à toutes les mamies mais quand on la regarde, c'est juste un éblouissement ! C'est une Princesse ! Une vraie Princesse dans l'âme et dans la vie, généreuse et discrète, douce et drôle. Et avec une foi, mes aïeux, qui déplace non seulement les montagnes mais aussi toutes les étoiles du ciel ! Sculptrice de talent, elle est reconnue dans le monde entier ! Ce que ma petite sirène – c'est comme ça que je l'appelle – ignore, c'est que son plus grand talent, c'est de travailler les arrondis et les angles des cœurs qui ne tournent pas toujours rond, pour leur donner le maximum d'éclat. « Ma Princesse – Petite Sirène – Mary Poppins » figure vraiment parmi les plus belles rencontres de ma vie. Je ne la remercierai jamais assez pour tout ce qu'elle m'apporte. Je pense aussi à Agathe, cette autre artiste dont l'une des œuvres figurent dans mon film. Agathe est un soleil et son œuvre irradie ! Faut dire qu'elle passe le plus clair de son temps devant le Saint-Sacrement à bénéficier de Divins UV. C'est fou de constater combien les artistes qui ont la foi arrivent à faire passer une lumière indescriptible, un petit plus qui change tout. Quand bien même leur univers serait tourmenté, il ne sera jamais sombre. L'ivraie a beau côtoyer la grâce, la grâce, don de Dieu, l'emporte toujours. Le Seigneur œuvre Lui-même à travers Ses enfants artistes. Je suis très fière d'Agathe, ma sœur de cœur, et de Pascal son époux. Ils sont jeunes, beaux, amoureux l'un de l'autre et in love du Christ ! Ça fait du bien de rencontrer des gens comme ça. Ça lave des autres. Tout comme la « belle Juliette », cette piquante brune aux longs cheveux et aux grands yeux noirs, cette brillante femme ex-dircom dans une boîte américaine, a tout plaqué quand elle a rencontré

Marc, son Prince charmant. De cette idylle sont nées deux fées, leurs filles. Si j'avais des filles, j'aimerais qu'elles leur ressemblent.

Et mes « Gars du Nord », mes amis ch'tis, la classe ! Ils sont élégants, généreux, drôles et je préfère m'arrêter là de peur que leurs femmes ne mettent « un contrat » sur ma tête. Je ne citerai que leur prénom : « Xavier, Francis-Charles, Raphaël, Alexis. » Francis-Charles, je l'ai découvert d'une façon peu ordinaire. J'étais dans ma niche roulante – ma voiture : 300 000 kilomètres, les portes qui s'ouvrent à 110 – à Paris en pleine heure de pointe. Arrêtée à un feu rouge, je regarde machinalement une colonne Morris qui giclait de la pub pour une pièce d'Hossein. « *Tiens me dis-je, voyons un peu qui a bossé dessus.* » Je lis alors en haut de l'affiche, les noms des personnes qui ont contribué au financement. « *Hum, intéressant.* » Je m'empare d'un stylo pour noter, trop loin, impossible de distinguer les lettres. Je regarde à droite, à gauche, pas de place pour se garer. Ni une, ni deux, je sors de la voiture la laissant en plein milieu de la chaussée ! Le feu passe au vert, les automobilistes s'apprêtent à me passer dessus. Je reviens tranquillement avec les noms correctement écrits. Parmi eux se trouvait celui de Francis-Charles. Quelques semaines après, j'étais en Belgique dans son bureau. FC est le big boss d'une ligne de vêtements implantée dans le monde entier. Élégant et raffiné, il est toujours tiré à quatre épingles. Un jour, j'ai eu le malheur de le faire monter dans ma niche roulante qui en plus de garder les poils de chien garde aussi les odeurs. Avec le tact et la délicatesse qui le caractérisent, il a juste dit : « *Moi aussi j'aime les chiens.* » Le pire, c'est que nous nous rendions à une réunion. En sortant de la « niche », lui aussi a eu droit à « son manteau de fourrure ». Depuis, il me demande toujours des nouvelles de ma voiture, on se demande bien pourquoi. Cet homme est la bonté et la gentillesse incarnées. Quand on dit que l'argent corrompt, ce n'est pas vrai ; c'est le rapport à l'argent qui corrompt. Je n'oublie pas non plus Benoît, une « victime » de Vanessa auquel elle a réussi à extirper des billets. Ce businessman au caractère bien trempé a toujours été là aux moments difficiles. Et il y en a eu plus d'un ! Un grand merci aussi à Olivier pour sa pêche et ses coups de main ainsi qu'à Thibault et Nathalie – ma filleule Garde d'honneur ! – pour leur implication et leur soutien. Quant à Philippe, s'il existait « un César de la patience », il lui serait attribué sur-le-champ ! Une pensée particulière pour Gonzague, mon cow-boy breton ! Un des plus grands cœurs et entrepreneurs de la planète. Gonzague est à la tête de toute une flopée d'entreprises dont le dénominateur commun est le partage. Son objectif : nourrir la véritable créativité, celle qui a du sens. « Entreprendre humainement, laisser parler son cœur bien au-delà du retour sur invest, développer pour contribuer à la vie, donner pour s'enrichir », tel est le leitmotiv de cet entrepreneur magicien. D'une certaine manière, Gonzague aussi est un artiste : il met de la poésie et des couleurs humaines dans un secteur qui n'a bien souvent que l'éclat trompeur de l'argent. Je continuerai ce « sentimental aparté » par ma famille corse. Sacrée famille. Hyper croyants, hyper drôles et tous cinéphiles ! Leur petit dernier, Marius 15 ans, est sur l'écriture de son premier court métrage. Les parents eux semblent tout droit sortis d'un film de Scorsese. Antoine, le père, est le sosie d'Al Pacino – on s'attend à tous moments à le voir sortir un flingue – quant à Agnès, la mère, c'est une grande et pétillante brune aux yeux clairs avec une silhouette de rêve ! Ce couple glamour est fait pour monter les marches à Cannes. Une Palme aussi pour mes petits producteurs parigos, anglais et belges : Laurent (si touchant soldat du Seigneur), Pascale (ma working girl qui assure), Antoine, sa femme et leur fille Priscille (une vaillante actrice !), la sympathique Magali et Emmanuel (sa moitié), Bertrand le mari de Vanessa (si humble et bienveillant), Manu (mister good énergie), l'élégante Diane et Jean Bernard son mari, Sophie, Béa, Guy et son épouse, la belle Marine, Olivier et Gin (si délicieux), Bernard, Alix (l'épouse de Vincent), le distingué Bertrand, Gilles, Roland, Éric et Justine, Claire, Michel, Ludovic, Philippe, les croustillants Fabienne et Stéphane, Éric, Amélie, Marie, Arnaud, Jean, Bertrand pour ne citer qu'eux. Je ne parle pas des autres car la liste serait trop longue mais le cœur y est. Je les remercie tous sincèrement, chacun ayant apporté une pierre unique à l'édifice. Une tendre pensée pour Ketty et Maurice mes amis.

Je remercie aussi chaleureusement Cyrille et Philippe – l'un est comptable, l'autre avocat, tous deux sont juifs. Je les ai rencontrés au début de l'aventure quand je n'avais pas le moindre investisseur et pas l'ombre d'un sou en poche. Ils m'ont fait confiance et m'ont gracieusement aidée. Maintenant, ils font partie de ma « team » à vie – je ne sais pas si c'est un cadeau pour eux. Je me revois débarquer un matin de bonne heure dans le bureau de Cyrille. Le pauvre, les yeux encore collés par le sommeil, il a dû subir pendant plus d'une heure mon speech improvisé et passionné de femme d'affaires – italienne – bélier – marseillaise – bretonne ! J'avais besoin qu'il me fasse d'urgence un dossier de présentation pour mes futurs partenaires – un business-plan comme on dit. Mon projet atypique de montage financier l'interpela. Bien que totalement débordé – c'est un des plus grands comptables de l'audiovisuel – il accepte. Au moment de sortir de son bureau, je me retourne et lui balance le plus naturellement du monde un sourire aux lèvres : *« Ah… j'ai omis de vous préciser un petit détail : je n'ai pas le moindre denier pour vous payer ! »* Était-ce pour avoir la paix ou bien parce qu'il dormait debout, il m'a répondu : « *OK, pas de problème !* »

Je terminerai par une rencontre issue directement du « vivier JB » : Aubry, un grave allumé du Seigneur. Je n'ai malheureusement pas pu lui prendre des sous – il est fauché – mais cet homme m'a apporté bien plus. Tout d'abord son amitié, ensuite son réseau. Mais ce qu'Aubry m'a le plus apporté, c'est son exemple de foi. Aubry aime Dieu et n'a pas peur de le dire. Il le clame haut et fort ! Il fait une drague éhontée à son Seigneur et ça se voit. Je le surnomme « Le prophète ». Si tous les croyants étaient comme lui, la terre se transformerait en mer de sel.

Alléluia !

Les plaisirs de la prépa

Bien qu'il manquait quelques milliers d'euros, toujours poussée par cette puissante et indescriptible force, je prends la décision avec ma joyeuse bande de coprods, de démarrer la préparation du film. Enfin officiellement, car cela faisait déjà depuis bien longtemps que j'avais commencé. Mais à ce stade, il fallait engager une équipe avec tous les frais et les salaires que cela implique. Bébé *Mante* ne faisait plus que de donner des coups, il commençait à sortir la tête. Le rêve devenait réalité, la chrysalide se transformait en papillon.

C'est le week-end. Je suis avec mes parents bien décidée à savourer le début officiel du film. Une joyeuse excitation gagne peu à peu la maisonnée, même les chiens participent. Je remercie le ciel de pouvoir partager cette grâce avec ceux que j'aime et qui m'ont toujours soutenue. Demain, *La Mante* et moi intégrons nos bureaux: un 300 m^2 boulevard Haussmann dans le huitième. Pour la petite réal SBF – Sans Bureau Fixe – que je suis, c'est juste surréaliste. Moi qui jusque-là, par faute de moyens, avait élu domicile dans les cafés, voilà que demain un palace s'offre à moi ! J'ai impression de vivre un conte de fées.

Et mes parents sont auprès de moi pour partager cette joie. Maintenant, c'est à mon tour de les gâter.

Je suis toute guillerette dans la cuisine en train de faire du thé, papa est dans la pièce à côté. C'est l'heure de son sport quotidien. Pas question pour lui de le rater ! Il fait partie de ces grands sportifs devant l'Éternel collés à leur poste de télévision. J'entends off maman l'appeler, pas de réponse. Elle insiste, il finit par lui répondre avec un timbre que je ne lui connaissais pas :

– Je ne comprends pas, je n'arrive pas à me lever. Mais jambes ne répondent plus…

J'ai tout de suite senti qu'il y avait un grave problème. Le cœur chancelant, je me dirige dans le salon. Mon père est là, assis sur le canapé, l'air extrêmement fatigué. L'angoisse me transforme en statue de marbre. Je sais qu'il va se passer quelque chose de grave, d'irréversible. Tout doucement, son bras et sa jambe se replient dans la plus parfaite synchronisation. Sa bouche se met à pendre laissant échapper un filet de bave. Papa fait un AVC. Mon amour pour lui prend le dessus et désagrège en une fraction de seconde la statue de marbre que j'étais devenue. Il faut réagir et vite. Pas une seconde à perdre. Maman est effondrée. J'ai peur qu'elle ne s'évanouisse ; je l'installe sur un fauteuil puis je me tourne calmement vers lui et lui dit d'une voix rassurante :

— Papa ne t'inquiète pas, tu fais un AVC. Tu es médecin, tu sais que ce n'est pas nécessairement grave. Maintenant, s'il te plaît, réponds-moi si tu me comprends.

— Oui, souffla-t-il péniblement la voix déformée par ce satané AVC.

– OK papa. Donc tu vois, ton cerveau n'est pas atteint, tu as toute ta tête. Maintenant, je te demande de ne pas t'endormir. S'il te plaît parle-moi papa, parle-moi.

Je vois mon père sombrer petit à petit dans le sommeil, je lui prends la main et le pousse à se réveiller. Maman s'approche de lui et prend le relais. Je me jette sur mon portable pour appeler les pompiers – c'est mieux de les joindre en premier, ils sont plus rapides et prennent les choses en main. De l'extérieur, j'affiche une sérénité et une assurance de premier choix, en réalité, je tremble comme une feuille de platane et suis au bord de l'évanouissement. En attendant les secours, je lui prends la tension et cherche à le rassurer. Lui-même ne paraissait pas si inquiet que ça. Sans doute jouait-il la comédie comme nous. Les pompiers arrivent au bout de quelques minutes. Ils veulent emmener papa dans un petit hôpital de campagne celui dont notre commune dépend. Je supplie le chef de l'emmener à celui de Mantes-la-Jolie, il refuse. J'insiste, il finit par accepter. Les pompiers l'embarquent sur un brancard, je ne lui lâche pas la main. Maman souhaite venir avec moi à l'hôpital. Pas question ! Elle a une santé fragile et est beaucoup trop sensible. Je ne veux pas tenter le diable qui est déjà « de la fête ». Je confie ma petite mère à une amie qui vient la garder.

Ces sirènes-là n'avaient rien à voir avec *Le chant des sirènes.* Devant l'urgence de l'intervention, le véhicule avait revêtu son habit rouge – couleur sang. Quant à son collier de perles de gyrophares, il scintillait de mille éclats. Cette fanfare de sons et de lumières avait pour moi un goût de marche funèbre.

Je me revois seule dans cette voiture suivant les pompiers me disant : *« Non, c'est pas possible, papa se porte comme un charme. On sait bien dans la famille qu'il nous enterrera tous ! »* L'urgence de la conversion. Ne sachant pas où se trouvait l'hôpital, je collais les secours. Durant le trajet, je me rappelle avoir croisé des automobilistes aux regards haineux parce que je les dépassais. Pourtant il n'y avait pas d'ambiguïté : entre mes warnings et mon visage en larmes, difficile de ne pas comprendre que je faisais partie de la « douce caravane du malheur ». Alors que j'étais en train de le doubler, un conducteur s'est brutalement rabattu vers moi pour provoquer un accident ! *« Sacré monde Seigneur. Il n'y a vraiment que Toi pour nous aimer tels que nous sommes et pour continuer à nous donner Ta Vie en mourant d'Amour pour nous ! »*

J'arrive aux urgences en même temps que les pompiers. Je saute de la voiture avec la rapidité d'un félin avant même qu'ils aient le temps de le sortir. C'était essentiel qu'il me voie à ses côtés dans cette épreuve. Je lui ai attrapé la main en disant : « Je suis là papa, t'inquiète, ça va aller. » Il m'a regardé avec une tendresse que je n'avais jamais vue.

Je passe un premier barrage de porte et d'infirmières puis un deuxième ; au troisième, je me suis fait virer. Les médecins lui font un scanner pour voir s'il n'y a pas d'hémorragie interne et si le cerveau n'est pas touché.

Une froide salle d'attente aux murs tagués d'angoisse…

Je patiente abrutie, dépassée par ce sale coup que nous jouait la vie. Je prie Dieu et l'appelle à notre secours. Je lève la tête, mes yeux croisent ceux d'une infirmière musulmane au bureau d'accueil. Elle me sourit. Je vois dans son sourire et dans ses yeux toute la compassion et la tendresse du monde que je ne trouve chez personne d'autre. On se regarde un moment. Le Seigneur passe à travers nous : nous sommes sœurs. À quelques mètres l'une de l'autre, nous prions ensemble, c'est une évidence. Cette sœur musulmane sait que mon papa est derrière la terrible porte en train de passer de terribles examens. Elle sait que « la petite fille que je suis » est croyante – quand on a vraiment la foi, on se repère entre nous, c'est presque animal. Une infirmière portant une grosse et brillante croix, comme dans les films de Tarantino, sort de la salle des examens. Je lui demande comment va mon père et s'il y a déjà des résultats. Hautaine, elle me répond du bout des lèvres et m'envoie balader. La femme musulmane quitte son bureau et s'approche de moi.

— Il ne faut pas lui en vouloir, elle ne se rend pas compte. Ne vous inquiétez pas, je vais aller demander.

Après quelques minutes qui me paraissent interminables, elle revient le visage décontracté.

— Rassurez-vous, votre papa n'a pas d'hémorragie et ses fonctions intellectuelles sont intactes. Il a demandé après vous.

Aussitôt, je me dirige vers la « porte de bronze » qui nous sépare pour le rejoindre quand tout à coup le dragon chrétien me rattrape par le bras.

— « Interdit au public ! N'y comptez même pas », cracha-t-elle les yeux remplis de feu.

À cet instant précis, il est clair que je n'avais pas envie de « *tendre l'autre joue* » mais plutôt de lui foutre mon poing dans la gueule ! Lulu mon ange gardien est arrivé à la rescousse.

— Prévenez-moi quand je pourrai le voir s'il vous plaît, m'a-t-il arraché des lèvres alors que j'avais juste envie de la traiter de salope.

Au bout d'un moment, ils ont changé mon père d'étage et de service. Je l'ai suivi par ricochet. Cette tournée des « Grands-Ducs » à écumer chaque recoin de l'hôpital s'est achevée dans un sombre couloir à la croisée du personnel soignant. Cela faisait deux heures que je n'avais plus la moindre nouvelle. Gavée d'angoisse, le ventre vide, j'ai fini par avoir un malaise. Une infirmière black à l'imposante charpente qui d'emblée invitait au respect, m'obligea à avaler cul sec un pot de confiture. Peu de temps après, une femme médecin est venue me trouver.

— Voilà, votre papa a fait un AVC. Son état jusque-là stable commence à devenir critique car malheureusement nous ne pouvons pas lui injecter le liquide qui permettrait au caillot qui s'est formé, de se désagréger.

— Pour quelle raison ne pouvez-vous pas le faire ?

— Parce que votre père a vingt de tension ! Injecter ce liquide avec une tension anormalement élevée est inenvisageable ! Nous attendons donc qu'elle descende mais hélas, ce n'est pas le cas.

— Mais enfin dis-je la voix nouée, mon père a toujours eu vingt, c'est sa tension normale ! Le visage de la doctoresse devint blême. Cela faisait juste deux heures qu'ils attendaient que la tension baisse…

— Pourquoi personne ne m'a rien dit ? laissa-t-elle échapper.

— Parce que personne n'est venu me voir ! Et quand je demandais de ses nouvelles, on était incapable de me répondre. Je vous en prie, faites-lui vite cette piqûre…

— Il faut que vous sachiez que ce liquide est efficace quand il est rapidement administré. Par contre, une chose est sûre, avec une telle tension ça peut entraîner la mort. Seule la famille peut prendre la responsabilité.

— Allez-y ! On tente le coup. On n'a plus une minute à perdre.

Cette longue attente dans ce couloir aux allures de morgue était insupportable, la décision que j'avais dû prendre toute seule était abominable. Au bout d'un moment, une infirmière est venue me chercher pour me conduire auprès de lui. Mon père était là intubé de partout, dans une minuscule pièce sans porte. Je détourne la tête, essuie discrètement mes larmes et m'adresse à lui en implorant « Madame La comédie » de me venir en aide.

— Espèce de voyou ! Tu es prêt à tout pour te faire remarquer et pour qu'on s'intéresse à toi ! ai-je balancé d'une voix faussement enjouée. Et puis je me suis jetée dans ses bras manquant arracher sa batterie de perfusions et d'électrodes. Les larmes aux yeux, il se redressa dignement.

— Tu sais dit-il, je suis fier de toi ! Tu t'es comportée comme un vrai chef. Tu as pris les choses en main efficacement, avec assurance et responsabilité. Oui je suis vraiment épaté par ma fille !

Ses paroles m'allèrent droit au cœur. Mon papa était fier de moi.

Il commença à me rapporter tout ce qui s'était passé et tout ce que j'avais fait : quand j'ai appelé les secours, quand je lui parlais pour l'empêcher de s'endormir, quand je lui ai pris la tension, etc. C'est comme s'il avait tout photographié. Il a conclu en disant que j'aurais fait un très bon médecin ! *« La médecine ? Non merci ! J'ai du sang-froid mais le cœur trop chaud pour ça. Je passerais mon temps sous antidépresseurs à pleurer sur les patients »*... On a parlé, on a ri mais surtout, on s'est dit qu'on s'aimait. Et ça, c'était énorme. Surtout venant de lui. C'était pas le genre. D'une nature froide, il était peu expansif. J'en ai beaucoup souffert. Cependant ces derniers temps, Dieu nous avait fait la grâce de nous rapprocher et pas n'importe comment : par l'intermédiaire de Son Sacré-Cœur. Eh oui, encore Lui ! Revenue des portes de la mort, tout imbibée de mon Bien-Aimé, je n'avais de cesse de bassiner mon entourage avec le Seigneur : *« Jésus par-ci, Jésus par-là... Écoute Jésus, Jésus te dirait que... », quelle heure est-il ? Il est « Jésus voyons » !* Mon bouc émissaire favori s'appelait papa. En plus, il faisait partie des cathos tièdes ! Après avoir goûté les tourments du Christ à cause de notre froideur et de notre indifférence, je menais une guerre sans répit à la tiédeur. Et puis j'aimais papa, je ne voulais pour rien au monde qu'il passe à côté de son Seigneur. Donc je ne le lâchais pas ! Je le talonnais pour qu'il lise l'Évangile, pour qu'il prie, j'échangeais avec lui sur la foi, etc. Mais là où je ne l'ai vraiment pas lâché, c'est sur le Sacré-Cœur. Je le prenais à l'écart pour lui parler de la Miséricorde de ce Dieu qui librement avait donné sa vie pour nous et qui continuait à le faire à travers les sacrements et à travers Son Cœur qui se consume d'Amour pour nous. Le coup de grâce fut donné quand je suis devenue Garde d'Honneur. Je l'ai talonné et n'ai pas arrêté de lui en parler. Finalement, contre toute attente, il n'a présenté aucune résistance ! Un jour, il est venu me trouver en me disant qu'il souhaitait en faire partie. J'ai appelé à Paray-le-Monial ma grande amie gardienne des Gardes d'Honneur, sœur Marie-Chantal, pour l'informer. Elle m'a tout de suite dit qu'il fallait le faire sans tarder et m'a déléguée pour dire la petite phrase d'intronisation et de bénédiction à sa place. Le lendemain, on s'est retrouvés papa et moi à l'église à genoux devant le Saint-Sacrement et l'affaire était faite ! N'empêche que, à partir de là, mon père a changé de comportement. Je n'étais pas la seule à le remarquer, maman aussi.

Entre le moment où il est devenu Garde d'Honneur et son décès, sept mois se sont écoulés, juste le temps au Sacré-Cœur de faire Son affaire. Je ne pensais pas qu'il allait partir. Chaque fois que je priais pour lui, j'éprouvais une grande quiétude doublée d'une grande joie. J'étais convaincue que le Seigneur allait le guérir. En effet, Il allait le guérir mais des blessures du péché. Dieu avait gagné le combat et la Garde d'Honneur y était pour quelque chose. La veille de sa mort, Frère Sam m'a demandé s'il avait reçu le sacrement des malades. Non, ai-je répondu. Les médecins étant plutôt rassurants, nous préférions attendre le retour de notre ami et curé absent pour quelques jours. De passage exceptionnel dans la région, Frère Sam est venu lui donner les derniers sacrements. Le lendemain, papa a rendu son souffle de vie.

Quelques heures avant sa mort, j'étais en réunion. Je nageais en plein cauchemar : la journée, j'étais avec mon équipe en pleine effervescence dans mes beaux et luxueux bureaux. Le soir, je retrouvais mon père à l'hôpital sur son lit de souffrance. Mais ce jour-là, j'ai senti qu'il y avait urgence, j'ai abrégé la réu et suis partie à la hâte. Quand je suis arrivée, il semblait dormir. Les infirmières m'ont dit que son sang n'était plus oxygéné, que ce n'était pas très bon signe mais qu'en même temps rien n'était joué. Je suis restée un long moment avec lui à parler. À trois reprises je suis sortie pour m'en aller, à trois reprises je suis revenue. *« Papa, je t'aime et je suis fière de toi »*, lui ai-je dit à la fin. Fière de lui, je l'étais ; pendant ses cinq derniers jours, il a juste souffert le martyre. Comme il ne pouvait plus déglutir, tout liquide était formellement interdit – sans parler du solide, évidemment. Il voyait bien son état décliner mais pas une seule fois il ne s'est plaint. Au contraire, il nous remontait le moral. Il n'a jamais manifesté la moindre peur ou angoisse. Il faisait même de l'humour alors qu'il n'arrivait pratiquement plus à parler et qu'il faisait un effort surhumain pour garder les paupières ouvertes. En revanche, il passait son temps à prier. Une fois, il a même engueulé maman, pourtant une grenouille de bénitier, parce qu'elle n'avait pas encore fait son heure de Garde

– j'ai entraîné à la Garde la moitié de Paris et de la Normandie ! Il était totalement abandonné aux très doux bras du Sacré-Cœur de Jésus et de Marie. Il ne pouvait avoir plus grand réconfort. Ses derniers mots ont été pour maman. Nous sortions de la chambre quand dans un sursaut de force, il nous a rappelés et a crié d'une voix forte à tout l'hôpital :

« C'est ma meuf et je l'aime ! »

Papa avait quelques notions de verlan grâce à moi. Depuis son AVC, je lui apprenais des mots étrangers pour vérifier l'état de sa mémoire.

Soucieuse de préserver ma famille, j'ai souhaité m'occuper des formalités – qui sont tout sauf des formalités mais juste horribles ! J'avais l'impression d'avoir été avalée par un livre de Stephen King : prisonnière d'un marque-page cauchemardesque, j'étais coincée entre deux mondes dans une autre dimension. Je me revois en plein essayage des costumes faire un aller-retour éclair à Mantes pour choisir le cercueil. J'étais au téléphone avec le directeur de production quand je trouve enfin une place. Je raccroche, souffle un bon coup, appelle Jésus et Marie à mon secours et sors de la voiture. La devanture des pompes funèbres faussement joyeuse faisait pièce rapportée. La décoration décalée rendait le lieu limite inquiétant. C'est à peine s'il n'y avait pas des guirlandes et des lampions invitant au bal ! Je pousse la glaciale porte et me retrouve seule au milieu des fleurs en plastique et des cercueils exposés. Au milieu de la lugubre atmosphère planait une étrange odeur, celle de la mort. Au loin, un néon vacillant menaçait de rendre l'âme. Je n'en menais pas large mais

Jésus et Marie étaient là. J'entends des bruits de pas stridents se rapprocher du fond de l'immense pièce. Plus ils s'approchent, plus ils me paraissent aigus, voir métalliques. Soudain une blonde perchée sur d'interminables talons apparaît. Maquillée jusqu'au bout du nez, fashion victim avant d'être née, la Betty Boops platine me dévoile sa dentition à travers un large sourire carnassier.

— Oups, je ne vous ai pas entendu arriver ! J'étais dans l'arrière-salle, vous savez la salle où… euh… comment dire ? L'endroit où on prépare au…

— Je viens voir un cercueil, ai-je dit en la libérant.

Elle m'entraîne avec elle dans un bureau saturé de lumière. Excitée, elle me montre des catalogues avec toutes sortes de cercueils et d'accessoires. Il y en avait de toutes les couleurs et pour tous les goûts. J'avais l'impression d'être à Disneyland ou à la Grande Récré sauf que j'étais à « Mort-Dyland ». Démystifier et banaliser la mort la rend encore plus angoissante.

Cette pin-up qui avait dû rater un concours d'esthéticienne ou d'hôtesse de l'air me fit tout à coup de la peine. Vieille adolescente, ornée d'une couronne mortuaire, elle m'apparut en Miss Morgue. J'ai senti la tendresse du Christ pour elle me gagner : je contemplais émue la petite poupée fragile qui menait une vie si éloignée de ses rêves et eus envie de la prendre dans mes bras ! J'ai passé un long moment à lui parler de l'amour du Seigneur pour elle et à la rassurer – « Betty » avait affreusement peur de la mort… Tel un masque de cire, je voyais l'épais maquillage de son cœur fondre sous la douceur du regard de Dieu.

Plus le film prenait forme, plus je m'en prenais plein la gueule. Des amis prêtres et religieuses m'avaient prévenue : « *Tu fais une œuvre pour Dieu, attends-toi à être attaquée et à vivre toutes sortes de combats.* » Ils ne pouvaient pas mieux dire, la série n'allait pas s'arrêter là. La prépa du film avançait à une cadence effrénée : repérages des décors, choix des costumes, découpage du scénario, casting, etc. Je faisais feu de tout bois et sur tous les fronts en même temps. Les répétitions avec les comédiens me tenaient particulièrement à cœur. Ce film, plus que tout autre, reposait sur l'émotion. La barre était élevée : aucun acteur n'avait la foi. Il fallait donc tout décortiquer de A à Z. Si le public croyait aux personnages, le pari était gagné, peu importe le reste. Un film, c'est physique : on est dedans ou pas. Quand on commence à détailler une scène et à faire attention à la lumière ou au cadre, c'est mauvais signe.

Jour J 15 jours avant le début du tournage

Mon équipe et moi nous agitons telles de laborieuses petites abeilles autour de la ruche cinéma. Il fallait que tout soit prêt coûte que coûte. Le tournage d'un film est une sorte de tsunami qui emporte tout sur son passage, pas question de laisser la moindre chance au hasard. Tout est scrupuleusement et minutieusement calculé jusqu'aux moindres détails. Bien que terriblement affectée par la disparition brutale de mon père, avec le changement radical de vie que cela implique – j'ai dû m'improviser du jour au lendemain chef de famille – j'ai continué envers et contre tout comme s'il ne s'était rien passé. Le metteur en scène devant tout sacrifier au « dieu tournage ». En réalité, s'il s'était agi d'un autre film, j'aurais tout arrêté. Je serais restée auprès de ma petite maman pour m'occuper d'elle et j'aurais pris le temps de faire mon deuil. Mais *La Mante Religieuse* a toujours été pour moi plus qu'un film. C'est avant tout un acte de foi et *« Dieu, premier servi »*.

À quinze jours et quelques centaines d'heures du « premier clap », je reçois un coup de fil de mon acteur principal m'informant de sa décision de se retirer du film. Cela faisait plus de six mois qu'il s'était engagé. Le scénario étant un vêtement, je l'avais même réajusté aux mesures de l'acteur en reprenant une grande partie du texte. Il s'agissait de quelqu'un de « bankable » comme on dit dans notre jargon du show-biz. J'avais pu obtenir la crédibilité des professionnels grâce à lui. Résultat : j'ai perdu de précieux soutiens dont un producteur de métier qui m'avait rejoint et qui m'a planté du jour au lendemain me laissant seule avec un film en chantier et des investisseurs qui n'y connaissaient rien. Il fallait faire face, c'est ce que j'ai fait. Encore une fois, le Seigneur est venu à mon aide : il a changé ma cuirasse pour une autre encore plus solide. Enveloppée de Sa puissante force, j'étais en acier trempé. Au lieu de m'effondrer – je n'étais plus sûre de pouvoir faire le film – j'étais encore plus déterminée et ma niaque était sans limite. Après toutes les épreuves que j'avais subies pour en arriver là, je pouvais surmonter celle-ci !

Malgré ma bonne volonté et mon acharnement, la préparation a dû être interrompue et le tournage décalé – difficile de faire un film sans l'acteur principal… Me voilà donc à faire la tournée des agents pour décrocher le premier rôle masculin ! Heureusement que Joanna, la directrice de casting, était à mes côtés. Jeune et passionnée, elle n'avait peur de rien. C'était exactement ce dont j'avais besoin ! Après avoir gentiment cassé les pieds à tous les impresarios de la place de Paris, nous trouvons enfin « la perle rare » : Marc Ruchmann. Au début, je n'y croyais pas. Pour moi, il était trop jeune et manquait d'expérience – non d'expérience professionnelle mais d'expérience de vie. Il n'avait pas assez vécu ni souffert pour interpréter le personnage complexe du Père David. Je le revois au premier entretien : je lui avais donné rendez-vous dans un café Boulevard Saint-Michel. Lorsque je l'ai aperçu en terrasse, je me suis dit comme n'importe quelle femelle normalement constituée : « *Waouh ! Le canon.* » Quand je me suis installée face à lui, j'ai eu droit à l'artillerie lourde : son sourire et son imparable fossette… Mais la professionnelle que je suis a vite pris le dessus : « *Il est trop jeune pour le rôle et manque de maturité.* » Seulement, je ne savais pas que j'avais devant moi un psychopathe qui ne lâcherait pas l'affaire – un petit Saracco en puissance quoi. Ses premiers essais n'étaient pas très concluants. Comme je le pensais, il manquait de crédibilité et de profondeur. Il m'a supplié d'en faire d'autres. Sa détermination pour décrocher le rôle à tout prix finit par me toucher. Je lui ai donné une nouvelle chance et là, j'avoue qu'il m'a bluffée ! Même s'il pouvait mieux faire, il m'a livré tous les ingrédients indispensables pour construire le si délicat personnage du prêtre. Quant au soupçon d'hésitation qu'il me restait, sa fossette a fait le reste… Aujourd'hui, je rends grâce à Dieu que les choses se soient ainsi déroulées. Le père David dans *La Mante Religieuse*, ça ne pouvait être que lui : Marc, Marco, « Baba » pour les intimes. C'est un gros cœur et un comédien hors pair. Interpréter le rôle d'un jeune clergyman à peine sorti du séminaire, rempli d'illusions sur soi et sur le monde sans sombrer dans le gnangnan, c'était loin d'être facile ! D'autant plus que son personnage évolue au cours de l'histoire allant même jusqu'à devenir tourmenté. Je suis fière et heureuse d'avoir pu le diriger. Idem en ce qui concerne les autres acteurs. Avec une pensée particulière pour Mathilde Bisson – Erika dans le film – troublante de beauté et de naturel. Mathilde est une actrice née, elle ira loin. Je n'oublie pas non plus Arben Bajraktaraj – un grand monsieur –, ni la remarquable Mère Supérieure, alias Geneviève Casile, pas plus que la parfaite et horripilante Madame Marguerite, Nicole Gueden – si délicieuse dans la vie. Quant à Mylène Jampanoï, elle s'est imposée en Jézabel. Une féline fêlée dangereusement sensuelle avec un côté enfant perdu. Les gens de la profession m'ont, pour la plupart, déconseillé de la prendre pour le rôle. Elle leur apparaissait comme une très belle femme et non comme une comédienne. Les mêmes qui m'ont dit ça hier, me félicitent aujourd'hui. Mylène a laissé entrevoir son cœur dans *La Mante* et le résultat est plus que concluant. Je ne regrette rien, bien au contraire.

Être metteur en scène nécessite une bonne dose de psychologie. On ne monte pas de la même manière un pur-sang arabe et un selle français. Ma façon de diriger Mylène n'avait rien à voir avec les autres. C'est ça d'ailleurs qui est passionnant dans ce métier : découvrir et gérer des tempéraments différents en puisant dans la profondeur de leur humanité. Si pour moi *La Mante* a été plus qu'un film, pour mes acteurs aussi. Ils se sont ouverts à Dieu et certains sont aujourd'hui en cheminement. Sur le plateau, Marc ne se déplaçait jamais sans la Bible ! Il passait son temps à réciter des psaumes. Après le tournage, « Jézabel » souhaitait d'urgence se faire baptiser. À l'heure d'aujourd'hui je ne sais pas où elle en est. Quant à Mathilde, elle va prier à la Chapelle Miraculeuse rue du Bac ! Tout cela est dans les mains du Très-Haut.

Nous, nous *« semons la graine »*, le reste Lui appartient. Et franchement sur le tournage, je ne me suis pas privée. Au diable les bons vieux commandements de la Sacro-Sainte Laïcité ! Dès le premier jour de tournage, les cartes étaient abattues : j'ai demandé à « Rambo du BD » de bénir le plateau en proposant à l'équipe de se joindre à nous. Sur cinquante personnes, cinq sont restées, les autres ont fui prenant leurs a priori et leurs jambes à leur cou. C'est triste de constater la mauvaise image que peut avoir la religion catholique. Pour beaucoup, Église rime avec oppression et Foi avec prison. Le gouvernement et les médias y sont pour beaucoup. D'où vient cette farouche volonté de vouloir imposer – au nom d'une pseudo-liberté qui s'apparente à tout sauf à la liberté – une pensée unique visant à bannir la religion de la planète ? Pourquoi un tel acharnement à chercher à détruire le beau, le vrai et à vouloir à tout prix nous « émanciper » de l'Essentiel, de « l'Essence-Ciel » ?

Nous le savons, une société qui n'espère plus est une société moribonde. On nous prépare à un suicide collectif ou quoi ?! Sans Dieu, la vie, l'envie, l'amour n'existent pas et nous non plus. Sous le masque faussement souriant du relativisme ambiant se cache en réalité le rictus du Malin. Mais pour le voir, encore faut-il avoir la foi.

Sérieusement, quel avenir nous propose-t-on ?

« Allez petits humains de Panurge, convertissez-vous à la religion du néant ! Pas la peine d'y voir clair dans le néant, il fait noir… Pas la peine d'avoir un cœur, l'amour est banni. Pas la peine d'avoir une famille tant que vous avez plusieurs papas et mamans. D'ailleurs, c'est bien pratique d'avoir plusieurs parents, on peut les interchanger… Et pourquoi pas les éliminer ? On fait bien ça avec les fœtus… Et puis pas la peine de s'aimer pour procréer : voici le temps des éprouvettes ! Mais au fait, qui éprouve-t-on dans l'affaire, les éprouvettes ou nous ?

Non rassasié de nous modifier « humainement », voilà que la nouvelle et goulue religion du Néant s'attaque au ventre de nos mères en nous livrant des enfants génétiquement modifiés. Bienvenue dans le monde des nourrissons à la carte. Après la VOD, voici la BOD : « Bébé On Demand » ! Plus la peine d'aller au tiers-monde pour choisir son enfant. On commandera tout à la maison. Pour le bien commun, « Inter pas net » sera toujours là pour répondre à nos moindres désirs ! Entre deux pizzas chimiques, des mouchards pour épier ses voisins, une prime pour faire tomber son prochain, une trottinette biodégradable, des légumes faits à base de récup, une poupée gonflable made in déprime, juste après avoir passé la commande de l'exécution de ses grands-parents devenus trop encombrants et peu rentables, on commandera le « Néo-né ». Et plus besoin de nom, on portera tous un numéro. Tiens, pourquoi pas le 666 ?

« Bienvenue à Néant Land où l'on prescrit la mort, où l'on proscrit la vie » !

Mais rassurez-vous, dans cette nouvelle patrie, finis les états d'âme car l'âme n'existera plus. Quel soulagement n'est-ce pas ?

Personnellement, ça ne me fait pas trop rêver. Je préfère de loin les bonnes vieilles recettes de Mère Grand : puiser la vie dans la Bible et chercher ce Dieu qui n'arrête pas de nous chercher.

Action !

« *Silence, on tourne.* » C'est parti mon kiki !

Premier jour de tournage : ma mère fait une chute et se casse quatre côtes. Isolée, seule à la maison, elle attendra le soir mon retour pour pouvoir se relever. Pauvre femme, en l'espace de quelques mois elle perd tous ceux qu'elle aime : son époux – ils ne se quittaient jamais –, les deux chiens qui faisaient partie de la famille et qui sont morts à quelques semaines d'intervalle – on ne sait pas de quoi d'ailleurs – et pour finir moi ! Même si je n'étais pas morte, j'avais disparu. Prisonnière du film, je ne pouvais quitter le plateau.

Je peux dire que la croix de *La Mante Religieuse*, elle l'a portée avec moi. Heureusement qu'elle est très croyante, c'est Dieu qui lui a sorti la tête hors de l'eau. C'est d'ailleurs pour cette raison que nous sommes si proches, notre « connexion » s'appelle Dieu. J'ai toujours pensé que les hommes comme les animaux, marchaient par race, par catégorie d'âmes : les loups avec les loups, les agneaux avec les agneaux. La famille biologique est une chose et la famille du cœur une autre. Et quand elles se rejoignent, c'est juste merveilleux ! C'est le cas avec maman. Je rends grâce à Dieu pour ce beau cadeau.

Je ne souhaite pas m'éterniser sur le tournage. J'aimerais seulement dire que j'ai vécu des moments pénibles et douloureux pour plein de raisons que Dieu seul connaît et aussi frère Samuel. C'est d'ailleurs pour cela qu'il s'est arrangé pour être présent sur le plateau le plus souvent possible. Face aux incessantes et quotidiennes attaques du démon, « R D B » déployait son énorme chapelet et priait sans cesse. C'était onirique de voir ce religieux avec sa robe déambuler sur le plateau, au milieu des projecteurs, des câbles et des micros. Au début, l'équipe était réfractaire me faisant toutes sortes de réflexions ; petit à petit, ils se sont habitués. À la fin, quand il n'était pas là, certains s'inquiétaient. En fait, sa présence rassurait – en réalité, Dieu à travers lui. Frère Sam a été d'un précieux soutien. Sans lui, je n'aurais jamais tenu le coup. Je ne le remercierai jamais assez. Les conditions de tournage étaient plus que difficiles. Faute de financement, je devais faire en 33 jours un film qui méritait le double de temps. J'ai fait une moyenne de trois prises par plan ! Pas le luxe de traîner, « *Time is Money* ». Surtout au cinéma.

Depuis le début de l'aventure, il s'est livré un véritable combat spirituel autour du film et ce, jusqu'à aujourd'hui. Satan a tout fait pour me déstabiliser et m'empêcher d'arriver au bout. J'étais attaquée sur tous les plans et je n'avais pas un moment de répit. Mais grâce à Dieu, je n'ai jamais perdu confiance. Bien au contraire, je me disais que pour être autant en ligne de mire, *La Mante* et moi avions de l'intérêt. Les épreuves, les difficultés n'ont fait que m'enraciner davantage dans les bras du Seigneur et de Sa Sainte

Église. Exactement comme dans un couple. C'est en traversant des moments douloureux que l'amour – le vrai – se révèle et se fortifie. Ma plus grande souffrance – après la mort de papa – je la dois à une seule et même personne, présente du début à la fin jusqu'à la copie finale, le « DCP » et même après. J'ai vécu un véritable chemin de croix. Cette personne m'a fait subir l'enfer : humainement, psychologiquement, professionnellement. Je m'écroulais véritablement. Pourtant, il en faut beaucoup pour m'ébranler ; mais là, c'en était trop. Je me souviens avoir craqué un jour en plein tournage. N'en pouvant plus, j'ai quitté le plateau pour m'isoler. Frère Sam qui ne me lâchait pas des yeux ni du chapelet m'a suivie. À l'écart, appuyée contre un mur, la tête enfouie dans les mains, je pleurais comme une gamine qui aurait perdu son chat.

— Je n'en peux plus, j'arrête tout ! balbutiais-je entre deux sanglots.

— Comment ça « tu arrêtes tout » ? Bien sûr que non !

Pas de réponse de ma part.

— Viens, dit-il d'une douce voix paternelle en me prenant par le bras.

— Laisse-moi, dis-je en me dégageant.

— Pas question !

— Mais bon sang, tu ne comprends pas ? J'en ai ras-le-bol, j'arrête tout ! Et c'est non négociable.

— Ah bon ? répondit-il d'une voix étrangement calme, « c'est non négociable » ?

Son regard se glaça.

— Écoute-moi bien, on ne laisse pas tomber Dieu. Si Le Seigneur t'a confié cette mission, c'est qu'Il sait que tu en es capable. Et moi, je te demande de continuer !

Son « autorité céleste » m'a retournée comme une crêpe ! À travers ses paroles, c'était la voix de mon Bien-Aimé Seigneur qui s'adressait à moi. Je me suis arrêtée net de pleurer, Jésus a séché mes larmes et je suis repartie plus décidée que jamais à terminer ce satané film ! Comme un petit soldat de plomb, j'ai balancé un « bien chef », je me suis remise du rouge sur les lèvres et suis partie à l'assaut de mon plateau ! Quant à cette personne si malveillante qui me faisait tant de mal, elle devait être bien malheureuse et dans un sacré désert pour autant chercher à me nuire. À l'époque, face à ses agissements et ses calomnies, j'étais révoltée. Je n'avais qu'un rêve : trouver une baguette magique et la transformer en crapaud – au moins, elle porterait son âme sur sa gueule ! – mais aujourd'hui, je ne lui en veux plus. Je lui ai pardonné bien qu'elle ne m'ait jamais demandé pardon, bien au contraire. Si elle venait vers moi, je l'accueillerais les bras ouverts comme le Sacré-Cœur le souhaite. Jésus ne nous dit-il pas qu'il vaut mieux régler ses comptes de notre vivant ? Matthieu (5, 25-26) : « *Mets-toi vite d'accord avec ton adversaire tant que tu es en chemin avec lui de peur que cet adversaire ne te livre au juge, le juge au gendarme et que tu ne sois jeté en prison. Tu n'en sortiras pas tant que tu n'auras pas payé jusqu'au dernier centime.* »

Retour plateau : Giovanni, mon Italien de chef opérateur venait juste de terminer les derniers réglages de lumière. Tout était « *bene* » pour démarrer la nouvelle séquence. Sacré Giovanni va ! Son nom à lui seul fleure bon l'Italie : « *Giovanni Fiore Coltellacci.* »

Je me rappellerai toujours notre première rencontre, c'était surréaliste. On se serait cru dans une comédie italienne des années 70. J'ai fait sa connaissance bien avant le début du tournage lorsque j'étais en pleine recherche de financement. Giovanni vit à Rome. Telle une plume au vent, il passe le plus clair de son temps au gré des films qui l'emportent à travers le monde. Ce monsieur est un véritable maestro à l'ancienne. Il a fait ses classes auprès de Fellini, Visconti, etc. No comment. Plus tard, il a travaillé sur des films tels que *Le Nom de la Rose* ou *Wolfen* avec Jack Nicholson et Michelle Pfeiffer. Je remue ciel et terre, finis par obtenir son portable et lui laisse un message en jouant la « ragazza » sûre d'elle. Deux jours après, il me rappelle et me donne rendez-vous pour dîner. Il faut savoir que ce cher maestro de l'image n'est jamais à Paris et qu'il est plus qu'overbooké. J'arrive au restaurant, Giovanni en avance est déjà là. Pas très grand, la peau mate, l'œil pétillant, la tignasse en bataille, il porte un blouson en cuir rouge. Je le contemple un bref instant et me dit :

« *Yes, ça va le faire ! Il a tous les ingrédients pour aimer le scénario : il est sympathique, Italien – un pays où la religion veut encore dire quelque chose – et fait partie de la génération respectueuse du sacré.* »

Tout de suite, le courant passe entre nous. Il me raconte des anecdotes de plateaux sur Sean Connery, Jack Nicholson, ses premiers pas avec Fellini, etc. Pour la jeune réal que je suis, c'est juste captivant ! Il parle longtemps avec passion et en bon Italien qu'il est, ses mains parlent avec lui.

Au bout d'un moment, je me jette à l'eau et lui pose la fatidique question :

— Giovanni, croyez-vous en Dieu ? dis-je avec mon timbre cassé en faisant la belle.

Pour moi, il n'y avait aucun doute, cet homme croyait en Dieu et se rendait tous les dimanches matin place Saint-Pierre avant d'ingurgiter son plat de spaghetti. Concentré, le visage penché sur son assiette – un plat de pâtes – il s'étouffe à moitié. Lentement, il remonte la tête, s'essuie la commissure des lèvres avec application et me dit avec le regard noir de Don Corleone s'apprêtant à faire buter un traître :

— Non. Je ne crois pas en Dieu.

Tout à coup il est devenu rouge écarlate et s'est mis à gonfler ! On aurait dit qu'il allait exploser. La petite réal sûre d'elle que j'étais, s'est également transformée : je suis passée de la fière Silvana Mangano à Mimi Mathy perdant à chaque seconde des dizaines de centimètres. J'ai assisté au pire réquisitoire anticlérical de toute l'histoire italienne. Giovanni était « un rouge » et voyait rouge. Il démarra son monologue en disant qu'il fallait mettre *« una bomba al Vaticano »* et conclut en mimant un carnage à la mitraillette ! À la fin de ses invectives, j'avais presque disparu sous la table. Après s'être bien défoulé sur notre pauvre Église, il termina son plat de pâtes comme si de rien n'était. Quant à moi, je n'ai plus ouvert la bouche si ce n'est pour picoler. Mes espoirs s'effondraient en direct, ce génie de la photo, cet enchanteur de lumière m'échappait à jamais. Comment pouvait-il s'intéresser à un film qui faisait « l'article de l'Église » et qui montrait un prêtre résistant à la tentation incarnée ?! Si j'avais parlé d'un curé trafiquant de drogue ou pédophile certes, mais là. Il n'était même plus question pour moi de lui laisser le scénario. Le dîner terminé, il m'a gentiment raccompagnée à une station de taxi. Au moment de monter dans la voiture, il me dit :

— *Il scripto* s'il vous plaît, donne-le-moi.

« Misère, il n'a pas oublié » ! Je n'avais plus de mains mais des moufles et chacune d'elles pesait 100 kilos ! Dans un effort surhumain, j'abandonne mon bébé à l'Ogre Rouge.

D'un « point de vue rationnel » – ce qui doit m'arriver une fois par décennie –, je n'y croyais plus, cependant, au fond de moi, une petite lumière brillait. Le temps passe et j'entreprends une idylle avec mon téléphone. Nous ne nous quittons plus et comme le couple d'oiseaux, devenons « inséparables ». On faisait tout ensemble : les courses, la toilette, les repas, etc. Le seul moment où mon portable et moi avons décidé de prendre un peu de recul histoire de respirer, Giovanni m'appelle et laisse un message. Je m'empare du combiné tremblotante.

« Allô, Natalie ? C'est Giovanni… Je viens de lire *il scripto*, ma… comment vous dites déjà en francese ? *Sono… sono emotionato !* Rappelle-moi dès que tu as *il message.* »

On se retrouve dans un café, il tient sous son bras mon petit. Ça va, il n'est pas déchiqueté. Nous nous installons à une table en retrait.

— Voilà Natalie, comme je t'ai dit, j'ai lu *il scripto* et… et… J'ai beaucoup aimé. C'est una film très sensible, une œuvre profonde. J'ai même eu « la larma ».

Un macho italien, dire ça : *« J'ai même eu la larma. »* On aura tout vu ! Qu'est-ce qui a bien pu lui plaire à « ce chasseur de curé » ? L'Ange du Seigneur est-il venu le visiter ?

Plongée dans un trou noir d'incompréhension, mes yeux d'un rond absolu s'écarquillèrent telles deux soucoupes volantes.

— Mais Maestro, je ne comprends pas. Ce film parle de Dieu !

— Non, répondit-il doucement, il parle d'amour.

J'étais heureuse que Giovanni apprécie mon travail mais en même temps, terriblement triste. Encore une fois, Notre Seigneur apparaissait comme un méchant, encore une fois Sa créature faisait la distinction entre Lui et l'Amour alors qu'il est juste La source de l'Amour.

Je comprends de plus en plus pourquoi Ton Cœur pleure Jésus. Peu importe si je suis la dernière de la classe, la reine des cancres spirituels, je passerai ma vie à annoncer Ton Amour pour nous et tant pis ou tant mieux pour ceux qui se trouveront sur ma route !

« *Que le zèle de Ta maison Seigneur me brûle et me dévore.* »

Eh bien, qu'avais-je donc dit là ! Si on sait qu'il vaut mieux tourner sept fois sa langue dans sa bouche avant de parler, avec le Seigneur, il faut la tourner sept fois soixante-dix-sept fois ! Dieu est peut-être invisible – à l'œil nu – mais Il n'est pas sourd ! On ne peut pas dire que mon cas se soit arrangé. Je ne pouvais plus passer une minute sans penser à Lui et sans parler de Lui. Tout comme aujourd'hui. Son Amour me brûle au plus profond de mes entrailles. Et encore, ce n'est pas assez, j'en veux toujours plus, même si j'ai terriblement peur et que je ne sais pas où cela va me conduire (Mc 8, 34-35) : « *Si quelqu'un veut venir après moi, qu'il renonce à lui-même, qu'il se charge de sa croix et qu'il me suive.* » Je n'ai pas le choix. De toute manière, quand on aime vraiment, on n'a pas le choix

Le Seigneur dit (Apocalypse 3, 15) : «*Je vomis les tièdes.* » C'est sans doute pour cette raison que je suis tout sauf tiède, que mon cas l'intéresse autant. Ma nature passionnée et intempérante, mon désir d'aller toujours plus loin et de repousser les limites, trouvent écho en Lui. Saint Augustin ne se trompe pas quand il dit que « *les plus grands pécheurs pourraient faire les plus grands Saints* » ! Il parle des êtres épris d'absolu. Éprise d'absolu, je le suis, c'est peut-être à cause de cela que je ne suis toujours pas « casée ».

Une petite histoire pour la route. Il y a quelques années, j'étais allée à la prise d'habits d'une amie Sœur. Avant de rentrer dans les ordres, cette jeune femme d'une grande beauté était comédienne. Je l'ai rencontrée quand elle était novice, et nous avons tout de suite sympathisé. Elle m'a raconté qu'elle n'allait jamais aux castings sans son chapelet et qu'elle priait toujours avant. Me voilà donc à l'église à célébrer ses épousailles avec son Bien-Aimé. La célébration terminée, la mère supérieure passe dans les rangs avec une corbeille remplie de petits bouts de papier scrupuleusement pliés. Souriante, elle invite les ouailles à tirer au hasard. Vient mon tour. « *Vite, il faut que je me concentre, pas question de demander une bricole au Seigneur ! Je vais lui poser une vraie question, celle qui me turlupine depuis des lustres : Seigneur, quand est-ce que je vais enfin rencontrer l'homme de ma vie ? Vais-je encore devoir attendre longtemps»?* Mon être tout entier plonge dans la corbeille tel un corps assoiffé et brûlant dans une oasis. Je pioche au hasard et ouvre le petit papier sous les yeux intrigués de la sœur :

«Ma fille, sois patiente et écoute attentivement l'Enseignement de Ton Divin Époux.»

Que cela veut-il donc dire ? Ça n'a pas de sens. Cette parole s'adresse à une bonne sœur, pas à moi !

La mère sup me flique et m'attend à la sortie de l'église. Je vois bien qu'elle me guette mais vu qu'il n'y a pas d'autre issue, je suis obligée de passer devant elle. Elle m'alpague comme si j'étais une sans-papiers lors d'un contrôle de police.

— Alors ma petite, dit-elle l'œil espiègle, tu es tombée sur quoi ?

La sœur et moi étions proches, à ce titre cette coquine prenait un malin plaisir à me mettre dans l'embarras.

— Je suis tombée sur quoi «quoi» ? dis-je avec la plus grande mauvaise foi.

Sous la pression j'ai fini par lâcher le morceau et lui ai tendu le papier. En le lisant, la polissonne s'est mise à rire.

— On dirait qu'Il te veut pour Lui, lâcha-t-elle avec une certaine ironie voire une pointe de sadisme.

— N'importe quoi ! dis-je en regardant le ciel et en levant les épaules telle une caricature de personnage de BD.

«Non, vraiment, je n'ai pas la vocation. Je suis trop speed et déteste être enfermée ! En plus, j'ai toujours eu un problème avec la discipline. Il suffit que je me sente obligée de faire une chose pour ne plus en avoir envie. Quand j'ai arrêté de fumer, je me suis promenée pendant des années avec un paquet de cigarettes sur moi sans jamais l'ouvrir. Je ne faisais pas un pas sans lui. Un soir, j'étais sortie sans mes clopes. Catastrophée, j'ai traversé tout Paris à la recherche d'un tabac encore ouvert. Le paquet dans la poche, je suis repartie sereine sans toucher à la moindre cigarette. Alors franchement, "Bonne Sœur" ! La Règle et toutes ces choses, non vraiment. »

Au bout d'un certain nombre d'années de longs et pieux services, la Mère Supérieure fut mutée dans un autre couvent. À peine était-elle arrivée que je me suis empressée de demander à la nouvelle Mère Supérieure si elle me voyait en bonne sœur. « *Nullement ma petite, me dit-elle, ce n'est pas ta vocation.* » Ouf, enfin une religieuse intelligente.

Un moment, j'avoue que cette question m'a trotté dans la tête. Cela faisait des mois que je ne bossais plus. Les intermittents du spectacle, c'est comme ça : on n'arrête pas de travailler puis on ne fait plus rien.

C'était bien avant mon accident et ma rencontre avec le Sacré-Cœur. J'ai fait une neuvaine à la Vierge Marie pour lui demander ce que le Seigneur attendait de moi.

« *Mère, dois-je continuer dans le cinéma, est-ce vraiment ma vocation ou bien – horreur ! – le Seigneur me veut-Il dans les ordres ?* » Arrive la fin de la neuvaine. Je fais mon signe de Croix, mon portable sonne.

— Allô, j'aimerais parler à Natalie Saracco, souffle une petite voix fluette.

— Elle-même, répondis-je machinalement.

Tout à coup la voix se transforme en ténor me faisant faire un bond.

— Ici l'émission « Le Jour du Seigneur » ! Nous avons vu votre court-métrage *Il était une foi* et nous avons beaucoup aimé. Seriez-vous partante pour écrire un scénario d'une quinzaine de minutes avec pour thème la Fête des pères ? Bien évidemment, on vous confierait la réalisation.

Je tombe des nues, c'est trop énorme ! Je termine à l'instant la neuvaine à la Vierge Marie pour lui demander si oui ou non c'est la volonté du Seigneur que je sois réalisatrice et voilà qu'Il me répond en direct à travers « Le Jour du Seigneur » ! J'ai tout de suite pensé que c'était un copain qui s'amusait à me faire une blague.

— Oui, c'est ça mon cœur, répondis-je par provocation, la voix dans le souffle.

« Ma bande de potes est vraiment prête à tout ! » ruminai-je. « Attends, je vais en remettre une couche. »

— Allez mon chéri, c'est bon, je t'ai reconnu ! Toi aussi tu m'as manqué. Follement.

— Heu… heu… je crois que vous vous trompez, lâcha l'homme gêné.

C'était donc vrai, ce n'était pas une plaisanterie ? Je me suis rattrapée comme j'ai pu et j'ai fait le film qui a connu un vif succès. Ce court, *Famille nombreuse* avec Annie Cordy – sacrée bonne femme ! – m'a remise du jour au lendemain dans le circuit du septième art pour ne plus en sortir. En repensant à tout ça, je me dis que Dieu est épatant ! Il est toujours là pour nous. Le problème c'est que nous, nous sommes bien souvent sourds, aveugles et « cœur de jatte » à sa présence.

En tout cas les neuvaines, c'est encore plus rapide que les mails. Et ça marche du feu de Dieu !

J'aimerais terminer ce chapitre par des anecdotes de tournage de *La Mante*.

À quelques semaines de la fin, nous devions tourner dans une chapelle. J'avais bien pensé à demander à des amies religieuses de nous permettre de faire les prises de vue dans leur couvent mais l'idée que cela pouvait les perturber m'en a vite dissuadée. Quoi qu'on en dise, une équipe de cinéma c'est toujours envahissant. Et pour des Consacrées, c'est pas ce qu'il y a de mieux. Nous étions à la recherche de cette chapelle depuis le début des repérages mais aucun décor ne convenait. Je n'étais pas inquiète, « *Dieu pourvoira* ». Le temps passe, nous arrivons à seulement une semaine du shooting. Le régisseur me montre de nouvelles photos de lieux pouvant correspondre, je trouve enfin une petite église susceptible de faire l'affaire. On demande l'autorisation pour tourner, elle nous est refusée. Catastrophe, on se retrouve à peine à quelques jours des prises de vues et toujours pas de décor ! On me souffle de réécrire la scène afin de l'adapter à ces nouvelles contraintes. Plus clairement, que l'histoire ne se déroule plus dans un monastère mais dans un tout autre endroit. « *Un terrain vague peut-être ? Pourquoi pas un parc d'attractions tant qu'on y est* » *?!* Pas question, je ne changerai pas une virgule, la force de cette scène, c'est justement qu'elle se déroule dans un Carmel. On y voit pour la première fois l'héroïne destroy émue par Dieu.

Happée par le chant des Carmélites tel Ulysse par le chant des sirènes, Jézabel perd tout contrôle jusqu'à laisser battre son cœur. Au passage, j'en profite pour dire que cette scène en a touché plus d'un. Le fait qu'elle se déroule dans un couvent y est pour quelque chose. La ruche s'agite de plus belle, rien ne se décante. *« SOS Seigneur… Viens à mon secours mon Dieu, tout est muré. Seul Toi peux nous sortir de là. »* Comme à mon habitude, je me retire sur ma montagne – souvent les toilettes, n'ayant pas d'autres lieux tranquilles – pour prier. Au tout dernier moment le décor tant recherché nous tombe dessus ! Coup de foudre de la réal : c'est ici et nulle part ailleurs. Le lieu qui nous ouvre grand ses portes n'est autre que le Martyrium de Montmartre ! Je ne connaissais pas son histoire. C'est frère Samuel qui me l'a racontée. Tout ce que je savais, c'est que ce lieu était rempli de Lumière et de bonnes énergies. Il dégageait une aura tout à fait à part et pour cause : c'est précisément à cet endroit-là, au troisième siècle que Saint-Denis a été décapité. Ce lieu Saint a attiré les chercheurs de Dieu du monde entier, des Rois à Jeanne d'Arc en passant par un grand nombre de Saints dont Sainte Thérèse de Lisieux. C'est ici même que le 15 août 1534, Ignace de Loyola et quatre compagnons prononcèrent leurs vœux donnant ainsi naissance aux Jésuites. Le Martyrium de Montmartre symbolise le cœur de l'Évangélisation d'où beaucoup de chrétiens partiront pour annoncer la Bonne Nouvelle aux quatre coins du monde. Cette chapelle est en droite ligne avec le Sacré-Cœur de Montmartre. Évidemment, Le Seigneur ne pouvait pas trouver de meilleur endroit ! Surtout à Son amoureuse de réal qui

Lui a consacré son film. La séquence à peine achevée, un incendie dans une cave adjacente s'est déclaré. Nous avons dû évacuer le matériel d'urgence. Les pompiers ont bouclé le quartier jusqu'au soir.

Il s'est passé de drôles de choses sur *La Mante Religieuse.* Comme la fois où nous tournions à l'Abbaye de Royaumont sous un soleil de plomb. Le ciel éclatant de lumière, d'un bleu parfait, me faisait penser à mon Midi natal. Il était aux environs de douze heures quand tout à coup au-dessus de nos têtes s'est dressé un immense arc-en-ciel alors qu'il n'était pas tombé une goutte de pluie. Le plus surprenant, c'est que cet arc-en-ciel était à l'envers, comme renversé sur le dos. Mais plus étonnant encore, c'est qu'un deuxième arc-en-ciel, celui-ci « normal », est venu se poser sur celui qui était à l'envers formant à eux deux le signe antique du poisson symbole des chrétiens. Surprises par cet étrange phénomène, certaines personnes de l'équipe sont venues me trouver. Bien que taquines, elles n'en menaient pas large. L'une d'elles m'a balancé : « *C'est ton Dieu qui se manifeste à toi !* » Une autre : « *Regarde, c'est le poisson des chrétiens qui te passe le bonjour.* » Une autre encore : « *C'est la fin du monde, Paco Rabanne l'avait prédit !* »

— Si c'est la fin du monde les gars, vous n'avez plus de temps à perdre : convertissez-vous ! ai-je rétorqué espiègle.

N'empêche que le ciel ce jour-là en a impressionné plus d'un. Pour une fois, je n'étais pas seule à voir.

Je me rappelle d'une anecdote trop mignonne concernant Marc Ruchmann. L'épisode se déroule à l'église Saint-Séverin en plein Quartier Latin. Je termine un dernier plan à l'intérieur et m'apprête à shooter à l'extérieur quand un assistant déconfit m'annonce qu'il est impossible de tourner pour cause de déluge… Je sors précipitamment : non seulement il pleuvait des cordes mais le ciel sombre et pesant empêchait la lumière de passer. Il était inenvisageable de poser la caméra à l'extérieur, encore moins les câbles électriques et les gélatines. Mon beau Giovanni confirme : « *é impossibile* »… « *impossibile* » *? No capito.* Pas question de remettre ce plan au lendemain, nous changions de décor. Sous le regard ahuri de l'équipe – je pense sincèrement avec le recul qu'ils ont dû me prendre pour une folle –, je prends la décision d'installer le matériel et de préparer le plateau comme si de rien n'était. Nous disposions d'énormes parasols et « Umbrela » autant s'en servir ! Va bene… Encore une fois je savais que « le beau Juif que j'aimais tant », allait nous sortir de là. Telles de petites fourmis disparaissant sous nos casquettes et K-way, nous nous agitions pour que tout soit prêt au cas où. Sauf que le ciel entier s'était ligué contre nous. Michelle, la maquilleuse et Bettina, la coiffeuse – des perles de gentillesse et de talent – cherchent partout Marc qui reste introuvable tandis que le firmament redouble de mauvaise humeur. Je décide de retourner dans l'église pour prier. Au fond de la nef de dos, je reconnais la silhouette de Marc. Je m'approche sur la pointe des pieds et le contemple un instant. Vêtu de son aube blanche, les mains jointes, il regarde fixement devant lui. « *Décidément, cet acteur est d'une concentration !* » Pourtant, à y regarder de plus près, il exprime quelque chose de différent, Il paraît habité.

— Marc… Marc…, soufflais-je.

Pas de réponse, j'insiste.

— Ouh, ouh, Marc, allô ? Y'a quelqu'un ?

— Oui, me répond-il sans me jeter le moindre regard.

— Que fais-tu ?

— Je prie.

— Tu pries pourquoi ?

— Je prie pour que la pluie s'arrête et pour qu'on puisse tourner.

Au même instant, l'assistant arrive en courant et manque de trébucher.

— Vite ! Vite ! Il faut se rendre d'urgence sur le plateau la pluie a cessé. Il y a même un rayon de soleil !

« Moteur-action » ! Je tourne les plans prévus, tout roule. Juste après avoir dit « *coupez* », l'averse reprend.

Des situations similaires, il y en a eu plein. Faut dire que nous avons tourné au cœur de l'hiver et que Paris n'est pas Saint-Tropez. Nous avons eu droit aux jours les plus froids de l'année battant les records du passé. Je me rappelle de certaines scènes de nuit où j'arrivais à peine à agiter mes lèvres tellement j'étais congelée ! Et les acteurs les pauvres, ils étaient vraiment plus que courageux. En particulier Mylène. En ce qui me concerne, j'avais prévu mon coup. Juste avant le tournage, je suis allée dévaliser le Go Sport le plus près de chez moi. Je me suis fait passer pour une aventurière préparant une expédition au pôle Nord. N'empêche que j'ai bien fait. Depuis l'accident, tous les jours à 18 heures précises, je suis glacée et me mets à grelotter. La mémoire du corps. C'est à cette heure-là que je suis passée de l'autre côté. Je suis sortie de la boutique transformée en ours polaire ! Une sorte de « Casimir des neiges ».

Était-ce ma tenue, la force de l'Esprit sur la Matière ou bien grâce à Lulu, je ne sais. Le fait est que je ne suis jamais tombée malade de tout le tournage, pas même le moindre rhume. Pour moi qui attrape tout le temps froid, c'est énorme. Ce qui l'était davantage, c'est qu'au dernier clap de fin, une fièvre carabinée m'est tombée dessus !

La post-prod

Portée par la grâce et par cette folle énergie dont le Seigneur m'a doté, j'ai souhaité directement enchaîner le montage. Vu toutes les attaques, les épreuves et les difficultés qui se sont dressées devant moi depuis le début, je me suis dit qu'il était plus prudent de ne pas traîner. Et honnêtement, j'ai bien fait ! La fameuse personne qui cherchait tant à me nuire rôdait toujours et redoublait de méchanceté.

La post-production de *La Mante* a eu droit elle aussi à son lot d'épines. Un jour en plein montage, je dis à frère Sam au téléphone :

— Je n'en peux plus ! Cela ne va-t-il donc jamais s'arrêter ? J'abats un mur et me heurte à dix autres derrière.

Frère Sam prend son temps avant de répondre. *« OK, pensais-je, Il me prépare des répliques adoucissantes et il a bien raison parce que là, j'ai vraiment besoin d'être réconfortée. Je suis au bout du rouleau. »*

— Natalie, j'ai eu une révélation te concernant, sois forte.

Silence du côté de ma ligne.

— Depuis le début de *La Mante*, tu portes la croix ; maintenant, tu vas avoir la couronne d'épines.

« Oh punaise qu'est-ce qu'il va encore m'arriver ! Il a bien dit la « couronne d'épines », pas la « couronne de Gloire » ?

— Mais réjouis-toi, continua-t-il d'une voix toute guillerette, le Seigneur te donnera la grâce de la porter !

« Ouais, super, c'est cool. Je vais encore m'en prendre plein la gueule, youpi ! »

Les attaques du Malin pour m'empêcher d'arriver au bout étaient telles que je finissais par me croire dans un film d'horreur. Après l'*Exorciste* et *Linda Blair* voilà *La Mante* et Saracco ! « *Réjouis-toi* »… Non mais franchement ces curés, ils sont space ! Peu de temps après, en plein montage, alors que nous étions à la bourre, la monteuse quitte le film. D'urgence, il faut trouver une remplaçante. Heureusement que Bridget, la monteuse son et Jérôme, son mari mixeur, sont là. Rapidement, ils me mettent en contact avec plusieurs monteuses. Parmi elles se trouve Nathalie, celle qui deviendra « la monteuse de mes rêves » et pour cause : lycéennes, Nathalie et moi étions les meilleures amies ! Malheureusement la vie a fait que nous nous sommes perdues de vue. J'ignorais totalement que ma pote bossait dans l'image. Quelle joie de se retrouver surtout autour de la même passion, le cinéma ! Encore une fois, d'un mal, Dieu tirait un bien. Pour celui qui ne se révolte pas, qui continue à espérer et qui s'abandonne à Lui, les choses finissent toujours par s'arranger. Au contraire, si on se laisse happer par la colère ou par la peur, tout s'envenime. C'est en tout cas ce que la vie m'a appris. Finalement ce qui se présentait une nouvelle fois comme une catastrophe s'est transformé en nouveau souffle. Grâce à l'arrivée de ma petite Nath et d'Emmanuelle notre top assistante, j'ai pu un peu récupérer et travailler normalement, c'est-à-dire en paix.

Dans la construction d'un film, chaque étape est importante mais s'il y en a une de décisive, c'est bien le montage image. C'est comme un second tournage. On se retrouve avec des heures et des heures de rushes qu'il faut trier, choisir et enfin monter. Tout est possible : on peut faire et défaire le film dans tous les sens. C'est bien là le danger. Selon la façon d'assembler les images et le parti pris choisi, on peut rendre une scène drôle alors qu'elle est triste et vice et versa. Chaque séquence montée anticipe la suivante. Tout est lié. Le premier montage de la *Mante* faisait plus de deux heures, c'était beaucoup trop long. Non pas par souci de correspondre à une durée établie – les péplums des années 60 duraient des heures et on ne s'ennuyait pas un instant – mais parce qu'on perdait en rythme et en narration. Le montage comme l'écriture est une partition, il doit sonner juste. À un moment donné, la technique cède le pas à l'instinct. C'est une succession de choix et de dilemmes entraînant eux-mêmes d'autres choix et d'autres dilemmes conduisant à de nouvelles situations. En fait c'est comme dans la vie.

La fabrication du film – montage, image, son, musique, bruitage, mixage, étalonnage, etc. –, a duré en tout six mois. Le cours de la post-production se déroulait normalement, entre morsures du Serpent et Grâces Divines, à un petit détail près : il nous manquait 200 000 euros pour finir le film. Il fallait les trouver d'urgence sinon tout restait en chantier. Au tout dernier moment, Juliette, mon amie et coprod, dégote un investisseur sorti de nulle part qui apporte la somme manquante ! Juliette s'est vraiment défoncée pour le film, une vraie productrice ! Elle y a laissé des plumes mais comme c'est un ange, elles ont vite repoussé.

On pourrait dire à mon propos : « *Cette femme est irresponsable ! Comment a-t-elle pu prendre de tels risques et se lancer dans la production d'un long-métrage tourné en 35 mm* – rien n'est trop beau pour Dieu ! – *alors qu'en réalité elle n'avait qu'une partie du financement et non la totalité ?!* »

« Mesdames et Messieurs », cela s'appelle la foi ! Et ce n'est pas moi qui l'ai inventée. Rappelez-vous, Abraham avec son fils Isaac : « *Dieu pourvoira.* » À chaque étape, à chaque mur, c'est ce que je me disais. Encore une fois, l'Abandon et la Confiance. Quand on veut démarrer une voiture, on met le contact, quand on veut servir Dieu, on s'abandonne.

Mes journées au studio étaient plus que chargées : je passais de la salle de montage image à celle du montage son sans transition. Tous les jours, pendant six mois, j'ai fait des allers retours Normandie-Paris, Paris-Normandie, pour m'occuper de ma veuve de mère, toujours seule et enfermée, avec seulement moi à ses côtés. Pas une seule fois, je ne lui ai fait faux bond. Elle avait beau me dire de rester sur place, je partais tôt le matin et rentrais tard le soir. J'étais crevée. Je me demande comment j'ai pu tenir le coup. Je me rappelle à plusieurs reprises m'être assoupie au volant. Heureusement que la glissière de sécurité de l'autoroute était là… et Lulu ! « *Pardon Lulu.* »

J'ai terminé la fabrication de *La Mante Religieuse* en mai, le mois de Marie, le jour d'une apparition de

La Vierge à Fatima, sans faire exprès, comme tout le reste. Ensuite, j'ai laissé mon bébé film dans les mains de puissantes machines qui s'occupaient des calculs et des transferts pour qu'il soit formaté afin de pouvoir être projeté. J'étais une maman à laquelle on retirait son bébé juste après avoir accouché. Que cela est dur de devoir se séparer de son petit ! Couper le cordon cinématographe pour « la réal mère juive » que j'étais devenue n'était pas une mince affaire.

Avais-je rêvé ? Avais-je réellement accouché du film ou bien était-ce *Le songe d'une nuit d'été* ?

Je ne savais plus.

Bébé *Mante* livré au monde

Flash back.

Les voitures ont-elles « l'oreille musicale » ?

En ce jour-là sur les Champs-Élysées, se déroulait un joyeux concert de klaxons dans la plus pure tradition des embouteillages parisiens. Telle une symphonie savamment orchestrée, les automobilistes se répondaient par croche, double croche et parfois même par « accroche » suivant l'humeur de leur puissant coffre non pas celui de leurs véhicules mais de leurs cordes vocales. Portée par l'électrique brise parisienne, cette mélodie des plus carrossée faisait écho au brouhaha d'une foule agglutinée devant un cinéma. Le large trottoir disparaissait englouti par les voraces spectateurs impatients de prendre leurs billets.

En ce 2 juin 2014, avait lieu l'avant-première d'un petit film qui avait déjà fait couler beaucoup d'encre : La Mante Religieuse. *Cette œuvre qui n'aurait jamais dû voir le jour, tout à coup se retrouvait propulsée dans l'arène d'une salle obscure, livrée au dieu public.*

Eh non, je ne rêvais pas. Ma rencontre avec le Sacré-Cœur de Jésus m'avait bel et bien conduite là au Publicis avenue des Champs-Élysées dans cette salle mythique ! Mon film et moi étions scotchés. Enfin, je dis « mon film », en réalité c'est le Sien à

Lui, au Seigneur. Sans Lui, je n'aurais jamais rien fait, parole de cancre. Il y a bien certaines personnes pour me dire : « *C'est ton travail, ton talent, c'est à toi et à toi seule que tu le dois.* » Mais moi je sais bien que c'est Lui et personne d'autre. Je n'ai été qu'un vulgaire instrument dans Ses mains. Ma fierté, je la tiens justement de cela, du fait de mon insignifiance. M'enorgueillir, pourquoi ? Rouler des mécaniques, à quelle fin ? Un quelconque silex peut-il s'enorgueillir parce qu'il a été choisi pour allumer un feu ? « *Pauvre petit silex, si ça n'avait pas été toi, ça aurait été un autre.* » La seule personne irremplaçable dans les plans de Dieu, c'est la petite Marie de Nazareth – sans elle, on attendrait encore Jésus – mais nous, franchement.

Heureux de nous accueillir, le cinéma avait mis son habit de fête, son beau tapis rouge. Des affiches de La Mante étaient placardées çà et là, le petit silex n'en revenait pas. Comme quand « il » a été invité au grand repas des producteurs pour les Césars 2015, il n'en revenait toujours pas. Certains pontes du cinéma au courant de mon parcours et du montage financier m'ont dit ahuris : « *Quelle aventure ma chère, quel parcours avez-vous donc fait là pour avoir réussi à produire votre film et pour vous retrouver ici parmi nous. C'est juste insensé* » ! « Oh my God, oui, c'est "insensé". »

Cela n'est-il pas insensé quand Le Seigneur dit : « *Si vous aviez la foi gros comme un grain de moutarde, vous diriez à cet arbre déracine-toi et va te planter dans la mer et il vous obéirait.* » J'ai souvent entendu dire : « *Pourquoi Dieu t'exaucera toi et pas une autre ?* »

Petit mode d'emploi :

1 – Il faut d'abord que ce que l'on demande corresponde à Sa volonté.

Je me rappelle d'une amie actrice tombée amoureuse d'un homme marié, qui avait profité de ses vacances pour faire une neuvaine à la Vierge Marie. Tous les jours, sous la « cagnasse » du Sud, elle faisait des kilomètres à pieds pour se rendre jusqu'à une petite chapelle pour que sa prière trouve grâce aux yeux de la Vierge, sauf que ce qu'elle demandait était loin d'être catholique : « *Marie, Marie, fais que cet homme quitte sa femme afin que nous puissions être ensemble.* » De retour à Paris, l'homme en question l'a quittee pour retourner avec son épouse et ses enfants ! La neuvaine avait bien marché mais selon La divine volonté.

2 – Avoir vraiment la foi et prier sans relâche.

3 – S'abandonner en toute confiance.

Et je rajouterai un petit 4 : Bien déboucher ses oreilles pour être attentif aux instructions du Maître.

Évidemment, tout cela est grâce. Mais si certains y arrivent, y compris les cancres, tous peuvent y parvenir.

Plan serré sur les avant-premières

Avant la sortie du film, j'ai fait une quarantaine d'avant-premières à travers toute la France. Lyon, Strasbourg, Bordeaux, Toulouse, Rennes, Saint-Étienne, Toulon, Reims, Nîmes, Avignon, Les Sables-d'Olonne, Saint-Lô, Lisieux, Évreux, Besançon, Mulhouse, etc. Quel beau pays que le nôtre, si varié et si riche ! Bébé Mante et moi étions devenus d'authentiques saltimbanques parcourant les routes au gré des cinémas qui nous accueillaient. À chaque nouvelle ville, une escale s'imposait. La première chose que je faisais en arrivant, c'était d'aller prier à l'église. N'empêche, c'était bien pratique, quand je disparaissais trop longtemps, on savait toujours où me trouver ! De même, avant chaque débat qui suivait le film, j'allais m'isoler aux toilettes pour prier. Un jour alors que la projection arrivait à la fin, je me suis fait surprendre par un exploitant qui me cherchait. Il a cru que je venais de me faire une ligne. Les yeux brillants de Dieu, avec une banane qui frisait l'auréole, je lui ai dit : «*Ma coke à moi, c'est la prière ; Rien de tel qu'un raï de Dieu ! Vous devriez essayer.*» C'est ainsi que je me suis faite auprès des exploitants une réputation de cocaïnomane divine.

Au milieu de toutes ces tournées, l'épisode Cholet restera à jamais gravé.

Il s'agissait d'une toute avant-première. Moi, d'habitude si zen – depuis ma rencontre avec Le Cœur de Jésus –, j'étais pétrifiée. Comment le public allait-il réagir ? Le vrai public et non les amis ou la famille. Un public neutre, authentique, pas particulièrement bienveillant. Des hommes et des femmes qui paient leur place pour voir un film au cinéma. Comment allaient-ils l'accueillir ? Y avait-il des tomates cachées dans leur sac ? Livrées en pâture au dieu public, La Mante et moi n'en menions pas large. « Amour » ou « à mort », quel serait l'impartial verdict ? Je prie, prends ma respiration et me jette au milieu des voraces carnassiers de pellicule pour présenter mon œuvre. Quelle fut ma stupeur, il n'y avait que des vieux ! Une salle bondée de « Madame Marguerite » ! Madame Marguerite incarne dans le film une grenouille de bénitier à la langue bien pendue et aux paroles assassines. Cette séance était un piège, bébé Mante et moi allions nous faire lyncher ! Il y avait bien quelques jeunes mais ils n'avaient pas l'air commode. Je balbutie, prononce miraculeusement quelques mots et disparais aussitôt. J'étais censée dîner pendant la projection, tu parles ! En cinq mois de tournée d'avant-premières et en sept mois « d'after » – les séances après la sortie du film –, je n'ai jamais pu avaler une cacahuète. Et encore moins cette fois-ci ! *« Jésus, Marie, Joseph, Au secours. »*

C'est l'heure, le générique de fin se déroule sous mes yeux. Planquée dans un coin, j'observe mes futurs bourreaux. Pas un bruit, encore moins des applaudissements, un silence à couper le souffle comme dans les films d'Hitchcock. On me donne un micro et on me propulse dans l'arène. Les regards sont tous braqués sur moi, l'heure de la lapidation a sonné. Je voyais déjà la une des journaux: *« Une jeune réalisatrice mise à mort par le public! »* Au moins, ça aurait fait de la pub. On se regarde le public et moi sans dire un mot, « qui va dégainer le premier » ? Hitchcock cède la place à Leone: *Il était une fois dans l'Ouest* de Cholet. Tout à coup, quelqu'un applaudit – le fou ! – entraînant avec lui le reste de la salle. Tel un feu d'artifice, les applaudissements et les bravos jaillissent en bouquet, impossible de les arrêter ! Le film plaisait, le film touchait. Il faisait réfléchir. Les questions fusent, les spectateurs se répondent entre eux.

La Mante avait allumé son premier feu.

Le débat s'éternisant, le personnel du cinéma, du reste charmant, nous met à la porte. Non rassasiés par ce moment de partage, les goulus spectateurs m'entraînent jusqu'à l'unique bar encore ouvert à cette heure tardive de la nuit. L'échange s'est joyeusement poursuivi autour d'une bouteille. Finalement les petits vieux et moi avons fait la fermeture. « Cholet by night », ça vaut le détour ! Le lendemain, au moment de quitter l'hôtel une hôtesse me rattrape : *« Un homme est venu tôt ce matin et m'a demandé de vous remettre ceci de sa part »*, dit-elle en tendant un paquet. Je l'ouvre curieuse et découvre des chocolats accompagnés d'un petit mot d'encouragement. C'était monsieur le curé qui me remerciait d'avoir fait ce film… Trop mignon ! J'ai mangé les chocolats et ai pieusement conservé la serviette qui les accompagnait.

Un chaleureux merci à tous les Choletais. Grâce à vous, cette projection figure parmi mes plus beaux souvenirs.

Un autre très beau souvenir, l'avant-première du Kinépolis de Lomme, à côté de Lille. C'est Xavier, un de mes coprods ch'tis que j'affectionne particulièrement, qui s'est occupé de l'organisation – et franchement, il a assuré comme un chef ! Au début, le multiplex nous avait mis dans la plus petite salle, ce qui est normal : pas de stars, premier long-métrage, première production, scénario original parlant de religion… En clair, on les collectionnait toutes ! Ce Kinépolis est connu pour avoir une des plus grandes salles de cinéma de toute la France pouvant accueillir jusqu'à sept cents spectateurs ! Je ne sais pas pourquoi mais j'ai été poussée à faire une étrange prière : « *Seigneur, Toi qui as fait que la Mer Rouge se retire pour laisser passer Israël Ton peuple, manifeste Ta gloire à cette avant-première.* » Au bout d'une semaine de réservations, on nous bascule dans une salle plus grande. La semaine suivante, rebelote, *La Mante* change de salle pour une encore plus spacieuse et ainsi de suite.

Arrive le grand soir de la première. Les acteurs et moi nous rendons devant le multiplex aux multi-films. Nous pénétrons dans ce temple géant du septième art et sommes vite freinés par une marée humaine. Des centaines de spectateurs faisaient la queue tandis que des retardataires arrivaient précipitamment leurs billets à la main. À l'affiche, des machines de guerre prêtes à dévorer cette pauvre Mante. Où couraient-ils donc ainsi ? Une sympathique brune, La prêtresse du temple, vient à notre rencontre, le sourire en forme de coffre-fort et les yeux en billets de banque : « *Mon Dieu, c'est fou s'exclama-t-elle estomaquée, nous n'avons jamais vu ça pour un premier film, ça arrive de tous les côtés ! Tenez, regardez.* » En effet ça arrivait de tous les côtés, un Woodstock cinéma. Les acteurs, aux anges, lévitaient – et pas qu'eux. La porte de la salle se mit à ouvrir sa grande bouche pour engloutir les spectateurs un par un telle la baleine avalant Jonas. À gauche de l'entrée, ils avaient aménagé un espace VIP avec champagne à volonté ! « *Mazette, cool* », me dis-je en voyant la bouteille magique aux petites bulles me faire de l'œil. Comme à son habitude Luciole le trouble-fête casse l'ambiance et me dit : « Pas touche » ! « *Tu parles d'un ange gardien, tu es plutôt un chien de garde, oui ! C'est pas Lulu que j'aurais dû t'appeler mais Pitbull ! Toujours là pour m'empêcher de profiter ! N'empêche que tu as souvent raison* ». Lulu sourit.

Je passe au milieu des ouvreuses en effervescence munies de talkie-walkie et jette un rapide coup d'œil dans la salle. Impressionnant : un écran géant comme je n'en ai jamais vu de ma vie et des centaines de fauteuils. On aurait dit une salle de concert impatiente d'accueillir une star de la pop. Je m'attendais à voir le toit s'ouvrir et Mick Jagger descendre d'un hélicoptère, mais non, c'était bien *La Mante* que le public attendait. Du délire. Un dernier spectateur arrive essoufflé et me bouscule. Tel un rat de laboratoire courant derrière un bout de gruyère, il se faufile espérant trouver une place. Je dis à mon acteur et poteau Aurélien Jegou, transformé pour la circonstance en cameraman : « *Filme* » *!* Au final, avec toutes les images, Aurélien a fait un reportage sur les avant-premières. Il l'a baptisé : *La Mante Religieuse, le phénomène que l'on n'attendait pas* – on peut le trouver sur YouTube. C'est clair que personne ne s'attendait à ce que ce petit film de rien du tout remplisse la salle de sept cents places ! Le cinéma a affiché complet. Ce soir-là, le Seigneur avait sorti le « grand jeu » : après *La Mer Rouge*, « La salle comble » ! Ça ne s'est pas arrêté là. L'hôtel dans lequel nous étions descendus était un ancien monastère transformé en établissement de luxe ce que j'ignorais. Les acteurs et moi nous laissons gentiment guider par le garçon d'étage chacun jusqu'à sa chambre. La déco moderne et design ne laissait en rien deviner que quelques siècles auparavant ce lieu abritait une communauté religieuse. La joyeuse troupe casée, il ne restait plus que moi. L'homme se tourne amusé et agite sous mes yeux un trousseau de clés à l'ancienne, rien à voir avec les cartes magnétiques des autres.

— Pour vous joue-t-il, ce sera l'annexe, la chambre de la religieuse.

— La quoi ? La chambre de la religieuse ?

— Oui, la chambre Sainte Cécile, la seule conservée en l'état.

— Vous plaisantez, « la chambre de la religieuse » ? C'est une blague.

Devant ma réaction, l'homme toussote gêné.

— Oh ! Pardon, on ne m'avait pas prévenu que cela vous dérangerait. Je vais de ce pas vous changer de chambre. Cela est déjà arrivé que des personnes ayant un problème avec l'Église demandent à…

— Conduisez-moi à elle, dis-je en l'interrompant.

Nous descendons un long et vétuste couloir nous faisant changer de siècle et d'époque et arrivons devant une vieille porte en bois.

— C'est ici dit-il en tournant la lourde clé.

L'intérieur, bien que refait à neuf, avait conservé l'aura de la cellule. La pierre et les poutres parlaient d'elles-mêmes. Les prières de la sœur flottaient encore dans l'air. J'ai remercié mille fois le monsieur – je crois même l'avoir embrassé – et me suis enfermée à double tour dans la chambre oratoire. Ne pouvant plus contenir tant d'émotion, j'ai fondu en larmes. Ce divin cadeau m'avait donné la tremblote, j'étais glacée et brûlante à la fois. Le Seigneur abattait ses cartes me mettant clairement à part avec la lourde tâche de L'annoncer par le biais de ce film.

J'aimerais également dire deux mots sur l'avant-première de Versailles. Ce jour-là, Frère Sam animait le débat à mes côtés. La salle affichait encore une fois complet. Fin de la projection. Les lumières se lèvent sur un public silencieux et bouleversé comme à chaque séance. Frère Sam et moi nous munissons de nos micros respectifs et commençons à jeter des hameçons afin de chauffer l'ambiance et d'amorcer le débat. Rodé depuis déjà des mois à cet exercice, notre binôme fonctionnait à merveille – on était à deux doigts du one man show. Au rendez-vous : « Humour et sacré, cinéma et spiritualité. » Le plus drôle, c'est que c'est moi qui parlais de Dieu et le religieux de cinéma ! Dès le début une question boulet de canon nous torpille. Elle m'est directement adressée.

— Natalie, je trouve votre film scandaleux et totalement pessimiste. Quelle image donnez-vous de la jeunesse ! Vous montrez les jeunes désœuvrés, fragiles, avec des problèmes d'alcool, de sexe, de drogue. Cette vision ne correspond pas à la réalité. En tant que mère de famille, je peux vous l'affirmer.

Frère Sam et moi avons le souffle coupé. Nous ne nous attendions pas si rapidement à un tel skud. La femme surenchérit :

— En tout cas, à Versailles les jeunes ne sont pas comme vous les décrivez. Peut-être est-ce le cas dans votre milieu mais pas chez nous…

Au moment de me lancer pour répondre, une main se lève au milieu du public. Un homme, un trentenaire plutôt beau gosse, me demande de le laisser répondre. J'accepte soulagée et intriguée à la fois. Il s'approche et s'empare du micro. Au-dessus de sa chemise trône un beau col romain…

— Je me présente : je suis le Père Mathieu. Je m'occupe de l'aumônerie et des jeunes.

Qui mieux que lui pouvait répondre…

— Je connais les jeunes dans leur intimité pour les suivre et les entendre en confession.

Un silence, mélange de stupeur et de gêne remplit la salle tel un courant d'air glacial. Le prêtre se tourne pointant l'écran du doigt puis il dit :

— Laissez-moi vous dire que tout ce que l'on voit dans ce film est vrai et même malheureusement, en dessous de la réalité. Cette perte de sens et de repères avec toutes les angoisses, les blessures, les addictions que cela entraîne existe bel et bien et ce, dans tous les milieux. Le fait d'avoir de l'argent ne résout pas tout. Bien au contraire, ça peut même aider à trouver des drogues dures. Malgré l'éducation, la morale et la religion, personne n'est à l'abri.

L'intervention de ce prêtre m'apparut comme un coup de théâtre providentiel.

— Même si cela est difficile à entendre, parents, ouvrez les yeux avant qu'il ne soit trop tard. Ne laissons pas nos jeunes nous échapper.

Une partie de son discours, filmé par l'un des spectateurs, circule sur le net. Je n'ai rien à ajouter. Si, merci à cette dame pour l'efficacité et la sincérité de ses propos. C'est pour ces échanges que j'ai fait ce film et que j'ai assuré jusqu'au bout « le service après vente ».

Le 4 juin 2014, *La Mante Religieuse* est sortie en salle. Le film est resté sept mois à l'affiche à Paris. Les derniers mois, les séances étaient suivies d'un débat en ma présence. À la sortie, beaucoup de personnes venaient me trouver afin de continuer l'échange. Parmi elles, toutes sortes de gens, des jeunes, des vieux, des croyants, des révoltés, tous venaient à moi bouleversés, émus. Certains fondaient en larmes. Comme ce pauvre monsieur en colère dont l'unique fils s'était suicidé et dont la femme s'était laissée mourir de chagrin. Je me souviens l'avoir pris dans mes bras et lui avoir dit des paroles de réconfort qui ne venaient clairement pas de moi. J'étais à nouveau ce « petit silex », passeur de l'amour et de la tendresse de Dieu. Il y avait aussi d'anciens toxicos – encore fragiles – des repris de justice, des prostituées et même des transsexuels. Ce public-là était particulièrement réceptif. Il y avait aussi des cathos qui s'étaient « refroidis » et qui repartaient de là plus revigorés que jamais ! Des familles dépassées par ce que vivaient leurs enfants se confiaient à moi en espérant pouvoir les entraîner à venir voir le film. *Qui sait, peut-être pouvaient-ils être touchés par la grâce ?* Ils comprenaient qu'il ne fallait pas les juger mais les aider. Une personne qui se sent jugée se braque facilement. Quelle aurait été la réaction de la femme adultère prise la main dans le sac si Jésus lui avait dit : « *Hors de ma vue sale garce, femme impure ! Pour toi, c'est foutu. Tu es mauvaise et tu resteras mauvaise.* » Bien au contraire, Il lui dit après avoir remis à leur place ceux qui voulaient la lapider (Jn 8) : « *Moi non plus je ne te condamne pas, va et ne pèche plus* »... Notons au passage que Jésus pardonne avant même que celle-ci n'ait fait ses preuves de conversion. Qu'a-t-elle bien pu faire de cette grâce après ? Et nous, lorsque nous sortons de confesse, que faisons-nous du pardon béni et gratuit de Dieu ?

Je me rappellerai toujours ce rabbin qui un vendredi soir a traversé tout Paris à pied afin de respecter le shabbat, pour assister à la séance ! J'étais baba... Et cette jeune musulmane qui m'a alpaguée à la sortie pour me dire que ce film allait bien au-delà de la religion parce qu'il transpirait la Miséricorde du Dieu Unique !

Par le biais du fan-club « *jaimelamante.com* », j'ai reçu des centaines de lettres de jeunes. À peine sortis de la projection, ils m'écrivaient pour me féliciter d'avoir osé faire un tel film. L'un d'eux m'a dit : « *Merci pour ce film qui est descendu me rejoindre au plus profond de mon être afin de me parler au cœur et de m'aider à remonter.* » Combien encore m'ont dit – jeunes ou moins jeunes – qu'à travers *La Mante*, ils avaient compris que « Dieu n'était finalement pas le Père Fouettard qu'on leur avait présenté, mais un Dieu d'Amour et de Miséricorde qui sait pardonner. » Un autre a même écrit : « *Puisque c'est comme ça, je vais me risquer à pousser la porte d'une église.* » J'espère que ce jour-là, il a rencontré les bonnes personnes à l'intérieur.

Je suis triste que certains chrétiens – heureusement très peu – aient mal accueilli le film, voyant à travers lui une œuvre « pornographique ». Si ce film les a blessés, j'en suis sincèrement désolée mais sans doute qu'il ne s'adressait pas à eux. Les premières personnes concernées sont, pour reprendre les paroles du pape François, « *les personnes en périphérie de l'Église* ». *La Mante Religieuse* a pris le risque de sortir au-delà des portes traditionnelles pour aller à leur rencontre. C'était un pari audacieux et loin d'être facile. Aucune scène, aucune image n'est gratuite. La première partie qui peut paraître trash, est nécessaire à l'ensemble de l'œuvre. Sans ce début, je n'aurais jamais pu me permettre les séquences finales avec la mère supérieure sans tomber dans le film « gnangnan – moralisateur », parfait mélange pour faire fuir ceux qui n'ont pas la foi.

Les films portés à l'écran traitant de la religion sont « pour ou contre », ils invitent rarement au débat. C'est bien là la fragilité et en même temps la force de

La Mante Religieuse. En tant que metteur en scène, je n'ai pas souhaité rentrer dans la spirale si facile du « pour ou contre ». J'ai cherché avant tout à respecter le public en le laissant libre de décider par lui-même. Le but d'une œuvre n'est-il pas de susciter les bonnes questions plutôt que d'imposer des réponses souvent préfabriquées ?

Si je fais mon « coming out » de catholique amoureuse du Christ dans cet ouvrage au risque de provoquer une nouvelle fois toutes sortes de critiques, c'est uniquement parce qu'il s'agit d'un témoignage, le mien. Je ne suis pas là pour plaire, encore moins pour séduire mais pour témoigner de ma rencontre avec le Cœur de Jésus qui a bouleversé ma vie. Ce n'est pas un roman et je n'écris pas pour faire de la prose, le seul style que je souhaite avoir est celui de la sincérité.

Pour revenir à *La Mante*, si seulement une seule âme a été touchée, rien que pour elle, ça valait le coup ! Du reste, une jeune personne en questionnement m'a avoué qu'après avoir vu le film, elle a décidé de postuler chez « Les Sœurs du Sacré-Cœur ».

Je ne regrette rien même si l'accouchement a été plus que douloureux. Après la sortie en salles, le film qui a fait la tournée des festivals, s'est retrouvé parachuté à Calcutta et à Sarajevo ! Il a été vendu dans plusieurs pays dont la Corée, l'Australie et aujourd'hui, les États-Unis. Depuis, je reçois une flopée de demandes d'amis sur Facebook allant du cow-boy avec son chapeau façon John Wayne, aux gangstas rappeurs bagouzés ! Quelle aventure que ce film ! Quand le Seigneur nous dit : *« Lève-toi et marche »*, mieux vaut prévoir des chaussures de rechange.

Le DVD est lui aussi sorti – avec 1 h 10 de bonus ! Un DVD, comme un livre, ça circule. On peut le lire au coin de sa cheminée bien tranquillement.

Une chose est sûre : Le Seigneur n'a pas dit son dernier mot.

En ce qui me concerne, me voilà depuis peu embrigadée dans une nouvelle « *Mission Impossible* » – est-ce nécessaire de dire qui en est l'auteur ? Cette fois-ci, j'ai droit au « pompon du pompon ». Au lieu de reprendre avec mon producteur Larmes Blanches le film que j'avais laissé en chantier au moment de l'accident, voilà que le Seigneur m'envoie comme dirait Sheila : « *Jusqu'aux rois mages en Galilée* ». Je viens d'achever l'écriture d'un nouveau film – à moins que ce ne soit lui qui m'achève – intitulé « Pardonne-leur ». Et dans le rôle-titre… JÉSUS ! Un Jésus au cinéma comme on ne l'a encore jamais vu ! Un Jésus totalement incarné, pleinement divin et pleinement humain. Comme le dit l'évangile : « *Dieu fait homme* »… et non pas robot ! Tout en mettant en avant l'humanité du Christ, le film se recentre sur le cœur de Son message : l'Amour et la Miséricorde. Préparez vos mouchoirs car l'émotion sera au rendez-vous – une idée de sponsor : Kleenex. J'ai démarré l'écriture le 15 août. Il ne serait pas impossible qu'une « certaine Marie » y soit pour quelque chose. Et cette fois-ci, ce n'est plus de deux millions d'euros dont j'ai besoin pour faire le film mais de vingt !

À vos chapelets.

« Now » futur !

Nous changeons paraît-il d'ère tous les deux mille ans. Actuellement, nous quitterions l'ère du Poisson démarrée avec la Naissance du Christ pour entamer l'ère du Verseau. Qui dit changement d'ère dit changement de civilisation avec tout ce que cela implique, à commencer par une déstructuration de l'être et de la pensée. Notre société est en pleine mutation or dans « mutation » il y a « mutant ». Allons-nous quitter le monde des Vivants pour devenir des Morts-Vivants, de joyeux petits zombies émancipés de la Vie ?! Ce monde si hostile à Dieu, devient hostile à l'Homme. En rejetant Notre Père, nous flottons à la dérive, chopant n'importe quel courant d'air de pensées prêt à nous détruire. Des âmes en peine, voguant au milieu d'une vie en carton-pâte parce que sans amour et sans but. Des cosmonautes errants dans l'espace coupés du lien qui les rattachait à leur vaisseau. L'humanité ne peut survivre à l'Humain. Par quel prodige un fœtus pourrait-il survivre à sa mère si celle-ci venait à décéder ? En cherchant à tuer Dieu, on se tue soi-même. Je crains fort que cette ère-là n'ait rien d'un air de fête.

Les églises se vident tandis que les séances chez le psy sont pleines… Les églises se vident tandis que les dealers se remplissent les poches… Les églises se vident tandis que le nombre de suicidés augmente… Les églises se vident tandis que le monde dégouline de saloperies et d'horreurs en tous genres faisant de nos enfants des êtres sans foi ni loi ni âme, prêts à nous dégommer selon la tendance…

De quel côté la balance va-t-elle pencher ? Du « No Future » ou bien du « Now Futur », rien n'est perdu, tout peut changer, ça ne dépend que de nous… ?

Et « le Retour Glorieux du Christ » dans tout ça, que devient-il ?

Nous, chrétiens, nous y croyons, nous le confessons tous les dimanches à la messe dans le Credo *: « Il reviendra dans la Gloire pour juger les vivants et les morts* – vivants ? – *et Son règne n'aura pas de fin.* » Jésus va clairement revenir mais quand ? Lui-même dit *« qu'Il reviendra comme un voleur, au moment où l'on s'y attendra le moins »*.

Le Christ nous dévoile que Son retour nous surprendra (Mt 24, 36-44) : « *Tels furent les jours de Noé, tel sera l'avènement du Fils de l'Homme ; car de même qu'en ces jours d'avant le déluge, on mangeait et on buvait, l'on se mariait ou l'on donnait en mariage, jusqu'au jour où Noé entra dans l'arche, et on ne se doutait de rien jusqu'à ce que vint le déluge, qui les emporta tous.* » Rien n'a changé : comme aujourd'hui, on pensait être indestructibles ! Le fait d'avoir vu la mort de près m'a appris une chose, c'est qu'il faut vivre en état d'urgence. Non pas dans un esprit de peur ou mortifère mais pour se recentrer sur l'essentiel. « *Qu'est-ce qui me tient le plus à cœur ? Est-ce que cela correspond à ce que je privilégie dans ma vie* » ? Se dire que nous avons le temps est une hérésie ! En réalité, il n'y a pas une minute à perdre en témoigne la parabole (Lc 12,16-21) de « l'homme ;riche » qui s'inquiète parce qu'il n'a plus de place pour ranger ses sacs de blé et qui prévoit d'aménager ses greniers alors que le soir même, il rendra l'âme.

Jésus nous invite à être attentifs aux signes qui précéderont Son Avènement (Lc 21, Mt 24, Mc 13) : « *Quand vous verrez Israël encerclée par les armées, sachez que sa dévastation est proche. On se dressera nation contre nation et royaume contre royaume. Il y aura de grands tremblements de terre, des pestes et des famines, des signes dans le soleil, la lune et les étoiles. Sur la terre, les nations seront dans l'angoisse, épouvantées par le fracas de la mer et son agitation tandis que les hommes défailliront de frayeur dans la crainte des malheurs arrivant sur le monde ; car les puissances des cieux seront ébranlées… Alors, vous verrez l'abominable dévastateur installé dans le Lieu Saint… Il y aura une détresse telle qu'il n'y en a pas eu depuis le commencement du monde jusqu'à maintenant. Alors, on verra le Fils de l'Homme venir, entouré de nuées dans la plénitude de la puissance et de la gloire. Il enverra ses anges et, des quatre vents, d'une extrémité des cieux à l'autre, ils rassembleront ses élus. Tenez-vous prêts, restez éveillés car c'est à l'heure que vous ignorez que le Fils de l'homme viendra.* » « *Mais le Fils de l'homme, quand il viendra, trouvera-t-il la foi sur la terre ?* »

Et Jésus de rajouter : « *En vérité, je vous le déclare, cette génération ne passera pas que tout n'arrive.* »

Qu'entend-Il par « génération » ? Et s'il fallait entendre par génération, « civilisation » ?

Allons-nous véritablement changer de civilisation ou bien le Seigneur va-t-il revenir avant ? Au moment

« où on s'y attendra le moins » ? Quand on pensera avoir enterré Dieu.

Jésus serait-il aux portes du monde sans que nous ne le sachions ?

Si c'est le cas, que l'Esprit Saint nous sorte de notre torpeur, nous réveille et nous donne la Force, la Foi et l'Audace nécessaires pour L'accueillir et Lui dérouler le plus beau des tapis rouges de notre cœur.

« VEILLEZ ET PRIEZ CAR VOUS NE CONNAISSEZ NI LE JOUR NI L'HEURE. »

Et si c'était demain…

DIVINS BONUS !

Zoom sur les fruits de la rencontre avec le Sacré-Cœur

Cette rencontre avec le Sacré-Cœur m'a totalement chamboulée. Certes, j'avais la foi avant, j'étais pratiquante mais le Seigneur m'a fait repartir à zéro. Il m'a dépouillée de mes habitudes et de mes a priori pour renaître avec un cœur d'enfant à Sa parole. Je redécouvre l'Évangile à la lumière de Son amour fou pour nous et ça change tout. Je pense à Lui, je « vie » Lui de manière tout à fait différente. Je ne suis plus seulement dans une relation de créature face à son Créateur, je vis une véritable histoire d'amour et vu notre nature à tous les deux, elle est plutôt passionnée. On parle et notre histoire parle pour nous. Ça bouge, ça vibre, ça crie, ça aime ! Dire que beaucoup de gens pensent que Dieu est un « enterrement de première classe ! » C'est tout le contraire ! Avec Lui, on ne s'ennuie jamais, on devient Vivant. Je ne suis franchement pas d'un tempérament « pantouflard », je déteste le train-train quotidien. Avec Lui, la vie est juste palpitante ! J'aimerais dire aux jeunes, si vous cherchez du lourd, si vous cherchez l'amour, alors foncez dans les bras de Jésus, vous ne serez pas déçus. Se défoncer à coup d'alcool, de sexe, de no limit, ça n'apporte rien, ça rend juste plus malheureux. On finit par s'effondrer, par se dégoûter. So what, et après ? L'angoisse va en crescendo et la dépendance aussi. Et franchement, ça n'a rien de rock'n'roll de faire ça puisque beaucoup le font. Suivre la tendance en cherchant à correspondre aux moules dictés par autrui n'a rien de courageux mais plutôt de « mouton-neux ». La véritable audace, c'est d'avoir assez de caractère et de personnalité pour penser par soi-même. C'est aimer l'autre non pas par rapport à ce qu'il peut nous apporter en le contemplant tel un garde-manger destiné à satisfaire nos appétits mais l'aimer pour lui... Le regarder à travers Les yeux du Christ, le toucher avec Ses mains, lui parler avec Ses mots et l'aimer avec Son cœur. Quand on est jeune, on a soif de liberté, de justice et d'amour. Plus on avance dans l'âge, plus on se résigne, on pactise avec des petits compromis qui finalement délavent notre cœur et bousillent nos rêves.

Vous, les jeunes, vous êtes là pour révolutionner le monde et non pour lui obéir ! C'est à vous de décider ce que sera demain. La véritable révolution de l'amour, ce n'est pas mai 68 avec son cortège d'inepties et de fausses libertés conduisant à la pire des prisons, l'individualisme. La véritable révolution de l'amour, c'est de dire « Oui au Seigneur » et d'oser se laisser façonner par Lui dans l'authentique liberté des Fils de Dieu.

Faire l'expérience de Dieu est la plus folle des performances.

SÉQUENCE 1
MARIE

Plus je grandis à l'école du Cœur de Jésus, plus je me sens petite et ridicule; et plus je me sens petite, plus je découvre la Grandeur exceptionnelle de Marie. Je suis bluffée par Elle ! Cette jeune vierge de Nazareth qui apprend par la bouche d'un Ange – toujours le style direct du Seigneur – qu'elle est choisie par Dieu pour être la mère de Son Fils Unique ! «*And The Winner is…*» C'est Elle, c'est l'Élue de L'Éternel Tout-Puissant, le Choix du Très Haut ! Parmi toutes les créatures, c'est Elle qui est prise. Tu parles d'un casting ! Il y a de quoi avoir «la grosse tête». Au lieu de rouler des mécaniques, Marie roule pour Dieu. Elle n'existe et ne veut exister que par Lui et pour Lui. Elle est l'Humilité faite femme. Son humilité est aussi insondable que l'Amour de Dieu. Question Amour, Marie n'est pas en reste : Elle offre Son Fils pour nous, des pécheurs. Moi, personnellement, je ne céderais pas une jambe ou un bras d'une personne que j'aime pour mon voisin, pécheur ou pas ! Et Elle, Elle donne Son fils et Son Seigneur tout entier. Aujourd'hui encore, Marie continue de livrer Son bébé à une horde d'humains qui ne cesse de Le mettre en pièces par leur froideur et leurs manquements. Le plus fort, c'est qu'Elle ne nous en veut pas ! Elle ne manifeste aucun ressentiment à notre égard. La Sainte Vierge passe Son Ciel à nous pardonner, à nous aimer, à nous consoler et à prier pour nous les vivants et les morts.

Elle est non seulement notre alliée sur Terre mais aussi de l'autre côté.

La première révélation que le Sacré-Cœur m'ait faite après Son amour fou et Sa Miséricorde inépuisable, c'est bien qu'Il souhaite que nous considérions Marie et que nous la prenions pour Mère. D'ailleurs, Jésus est très clair là-dessus. Ne dit-Il pas à l'apôtre Saint Jean à propos de Marie (Jn 9, 27) : « *Voici ta mère.* » Les dernières paroles du Christ sur la croix, Son « testament », concernent Marie. Il n'y a pas la moindre ambiguïté, le Fils de Dieu désire que nous prenions Sa Mère pour mère. Et une maman occupe une place centrale dans le cœur de l'homme, peu importe son âge. Dans l'épisode des noces de Cana, Il confirme le « statut » unique que tient La Vierge auprès de Dieu. (Jn 2, 1-4) : « *Or le troisième jour, il y eut une noce à Cana de Galilée et la mère de Jésus était là. Jésus lui aussi fut invité à la noce avec ses disciples. Comme le vin manquait, la mère de Jésus lui dit : « Ils n'ont plus de vin. Mais Jésus lui répondit : « Femme que me veux-tu ? Mon heure n'est pas encore venue.* » Comme on pourrait le penser au premier abord, Jésus n'envoie pas balader Sa mère, bien au contraire. Sa réponse « *mon heure n'est pas encore venue* », témoigne de l'intimité exceptionnelle qu'Ils partagent tous les deux. Ils se parlent par codes. Seule Marie savait qu'Il parlait de l'heure de Son Sang offert pour nos péchés. À ce moment précis, ce n'est plus Son « fils Jésus » qui s'adresse à Elle mais Dieu Lui-même. Sa réponse, « *quoi qu'Il vous dise, faites-le* », montre Sa confiance en Son Dieu et en Son fils. Ça n'est pas l'attitude d'une mère vexée rabrouée par son enfant. Marie est paisible et sûre d'elle. Elle intercède pour nous parce qu'elle connaît Dieu et ne veut que Sa volonté. Elle est « l'Initiée » par excellence au courant des Mystères du Très-Haut. Marie est au cœur de l'intimité de la Très Sainte Trinité. Elle est le lien, le passeur entre Dieu et les hommes. Le Christ répond favorablement à Sa demande, Il change l'eau en vin et tous ont à boire. Ce miracle nous fait participer prophétiquement à Sa mort et à Sa résurrection. Son sang versé pour nous transformé en eau, devient l'Eau du baptême qui nous lave de nos péchés.

Les noces célébrées à Cana ne seraient-elles pas les épousailles « officielles » entre Dieu et Marie ?

Marie Immaculée Conception.

Cette humaine, cette fille d'Ève, n'a jamais péché de toute Son existence. Pas une seule fois, Elle n'a désobéi à Dieu. Pas une seule fois, Elle n'a cessé de l'Aimer. Son « OUI » a duré toute Sa vie – on est bien loin d'une mère porteuse… « Ne jamais pécher », quand on y pense, ça donne le tournis ! Ça paraît juste irréalisable. Pourtant Elle, Elle l'a fait et pas en paroles, Elle l'a vraiment fait ! Satan a dû mettre le paquet pour La faire tomber. Les tentations et les pièges étaient à la hauteur des grâces reçues, c'est-à-dire inimaginables. Elle n'était pas un robot, Elle aussi avait le libre arbitre. Mais Elle a tenu bon jusqu'au bout. Au pied de la croix, le Diable a tout fait pour qu'Elle se révolte : une mère qui voit son enfant crucifié par amour pour des créatures qui lui crachent dessus et qui l'insultent ! Marie priait devant Son Fils torturé et Elle priait pour nous. Les paroles du Christ, « *Père, pardonne-leur, ils ne savent pas ce qu'ils font* », trouvent un écho sans limite dans Son cœur de Mère de toute l'humanité.

Pourquoi tant de gens ont-ils un problème avec La Vierge Marie ? Même parmi les chrétiens. « *Jésus, OK, pas de souci mais sa Mère, bof… c'est bon. Elle a fait le job, passons à autre chose.* » Jésus n'a-t-Il pas dit : « *Si l'on traite ainsi le bois vert, qu'en sera-t-il du bois sec ?* » Cette phrase concerne bien évidemment le Christ mais elle peut s'étendre jusqu'à Sa Mère. Si Dieu prend et oublie Marie, la réduisant à un simple outil usagé bon à ranger au placard du passé, qu'adviendra-t-il de nous ? Dieu donne une place unique et fondamentale à Marie et cela de toute Éternité.

Le Seigneur a dit que nous serons jugés sur nos fruits : « *Un bon arbre porte de bons fruits, un mauvais arbre de mauvais fruits.* » Quel a donc été le fruit de Marie ? « *Tu es bénie Marie entre toutes les femmes et Jésus le fruit de tes entrailles est béni.* »

Le fruit de Marie, c'est Jésus. No comment.

INSERT GROS PLAN JOSEPH

Quel homme ce Joseph ! On a tendance à le réduire au rôle de simple figurant et c'est bien dommage. Joseph est loin d'être passif, il est bien plus qu'un « petit santon » dans la crèche qu'on sort une fois par an.

Dieu lui a confié l'exceptionnelle mission de veiller sur Son Fils Unique et sur l'Immaculée Conception ! Quelle confiance de la part du Seigneur ! Ce n'était pas n'importe quel homme pour être ainsi choisi par Dieu et se voir confier une telle responsabilité. Joseph était d'une grande pureté. Un homme carré, droit et responsable. Et quelle foi, vous imaginez? « *L'Ange du Seigneur lui apparut en songe et lui dit: «Joseph, fils de David, ne crains pas de prendre chez toi Marie, ton épouse: ce qui a été engendré en elle vient de l'Esprit Saint.* » Joseph croit, Joseph trace : «*À son réveil, Joseph fit ce que l'Ange du Seigneur lui avait prescrit : il prit chez lui son épouse.* » Il y va, il n'a pas froid aux yeux. De même quand l'Ange lui dit de ne pas retourner en Égypte, il n'hésite pas un seul instant à changer ses plans pour suivre la Divine Volonté : «*Lève-toi, prends avec toi l'Enfant et sa Mère et fuis en Égypte… Joseph se leva, prit avec lui l'Enfant et sa Mère, de nuit, et se retira en Égypte.* » Au lieu de retourner tranquillement à Nazareth et de reprendre sa paisible petite vie, il part vers l'inconnu ! Il ne perd pas une minute, il est l'homme de l'action, il fonce, il a du cran, il a des tripes ! Quel courage. Sacré Joseph, Dieu avec lui, il n'a peur de rien ! Il fait davantage penser à *Indiana Jones* qu'à un santon figé !

Joseph, «l'aventurier de Dieu», Joseph, «chef d'entreprise divine», délégué pour driver La Sainte Famille ! Quelle pression ! Il s'est vu confier le plus gros dossier de toute l'histoire de La Bible ! Et il a assuré ! Total respect.

Désormais, je vais prier Joseph pour mes affaires et mon bizness.

SÉQUENCE 2
L'EUCHARISTIE

Concernant les fruits de cette rencontre avec le Sacré-Cœur, j'aimerais parler d'une chose fondamentale : l'importance de l'Eucharistie ! Ce Saint-Sacrement est le poumon de notre cœur, de notre vie de chrétien. Et privé d'oxygène, nous mourons. Au-delà des prières, des chapelets, des actes de charité pourtant indispensables, la seule vraie nourriture qui profite de manière unique à nos âmes, c'est l'Eucharistie. L'Eucharistie est non seulement le médicament pour notre Humanité souffrante, mais l'aliment incontournable de tout baptisé. Le « Pain de Vie » porte bien son nom et pour cause : c'est Jésus lui-même qui se définit comme tel dans ce Saint sacrement. Il ne cesse de le répéter dans Jean*: « Celui qui boit mon sang et mange ma chair aura la vie éternelle.* » Ce n'est pas pour agrémenter notre vie de chrétien ou pour faire du sensationnel que le Seigneur nous dit ça, mais bien parce qu'Il sait que Son Corps et Son Sang sont la seule véritable nourriture capable de nous tenir debout en vue de la Vie Éternelle. Tout être vivant, peu importe son âge, nouveau-né, robuste adulte ou bien sage vieillard, a besoin de s'alimenter sinon c'est la mort assurée. Il en est de même pour l'Eucharistie. Il ne faut pas se dire : «*Je communie tous les dimanches, c'est déjà bien assez.* » Si vous ne preniez qu'un repas par semaine et que vous passiez le reste du temps à jeûner, vous pensez que cela vous suffirait ? Je sais bien que la mode est à l'anorexie mais tout de même, votre cas serait pire que préoccupant ! C'est la même chose avec « le Pain de Vie ». Profitons, nous catholiques, de cette grâce inouïe qui dépasse tout entendement que le Seigneur nous fait en se livrant tout entier, « Corps et Âme » dans ce Saint-Sacrement. Toute l'Humanité mais aussi toute la divinité de Jésus se trouvent condensées dans l'Eucharistie : de la crèche, en passant par Sa prédication, dans Sa Passion souffrant le martyre à cause de nous jusqu'à Sa mort sur la Croix et enfin, Sa Résurrection. Tout y est.

Communier, ce n'est pas seulement se nourrir mais L'honorer dans toutes les étapes de Sa vie. La communion est un credo physique instantané où la chair, l'Incarnation, l'emportent sur la parole. Laissons le Christ agir en nous, et nous façonner dans cette si touchante preuve d'amour et marque de confiance qu'Il nous fait à chaque Eucharistie. Le pire qui puisse nous arriver, c'est d'en être un jour privé. Dieu nous en préserve ! Oui, Jésus nous invite à devenir boulimiques de Lui. Faisons de ce sacrement notre plus grande addiction ! Mais attention, pas n'importe comment. Même si aucune âme ne mérite une telle grâce, elle doit tout faire pour se préparer et l'accueillir dans les meilleures conditions. Communier, c'est accueillir Jésus, Dieu fait homme, à la table de nos vies. Lorsque nous invitons des amis à dîner, nous veillons à ce que notre maison soit rangée et la plus chaleureuse possible. Pourquoi lorsqu'il s'agit de recevoir Dieu Lui-même dans cet Incomparable Sacrement, nous ne faisons que très peu d'efforts ? Pour quelle raison devrions-nous l'accueillir avec les mêmes vêtements usagés, sales et troués remontant à notre dernière confession – qui date de quand au fait ? – comme si c'était nous qui faisions « l'honneur » au Tout-Puissant de Le recevoir.

Quelque temps après mon accident, portant encore l'odeur de ma rencontre avec le Sacré-Cœur, retournée comme une jeune fille sortant à peine des bras de son amoureux peut l'être, mon âme a souffert bien des tourments. C'était au cours d'une messe. La scène, loin d'être comique, s'est passée dans une toute petite église de campagne au milieu d'un cimetière en lisière de champ. C'était un samedi soir, à l'office anticipé du dimanche – j'affectionne particulièrement l'intimité de ces petites églises, elles sont des cocons où il fait bon se recueillir. Ce jour-là, j'étais salie par un péché que j'ai oublié et qui ne devait pas être si grave – qui suis-je pour dire ça ? C'est Dieu le Seul juge, pas nous – je me suis sentie particulièrement indigne et sale pour accueillir Jésus dans Son Eucharistie. J'en avais pourtant bien besoin. Par amour et par respect, je prends la décision de ne pas communier. Au bout de quelques minutes, n'en pouvant plus, terrassée par l'idée d'être privée de Lui à ce rendez-vous amoureux qu'est la messe, j'implore le Très Haut : *« Seigneur, je t'en supplie, fais-moi un « crédit de pardon », je te promets de me confesser au plus vite mais s'il te plaît, donne-moi un signe qui soit une invitation de ta part pour pouvoir communier. »* L'office se déroule ainsi jusqu'au moment de la Sainte Communion. Le temps m'étant compté, ma prière s'intensifie : *« Je t'en prie Seigneur, au secours, j'ai trop besoin de te recevoir, donne-moi ton feu vert... »* Je tourne la tête à droite, à gauche, guette une bribe de signe, rien ! Tel un sablier annonçant la fin de mes jours, j'assiste impuissante à la fin de la distribution du Corps du Christ. La messe terminée, l'église est déserte, seule mon âme centenaire pleure dans un coin, le visage enfoui dans les mains. Meurtrie au plus profond de mon être, les larmes m'inondent comme la douleur mon cœur. «*Il ne m'aime plus, Il ne veut plus de moi*.» Au comble de mon désespoir, oubliée, à genoux, je sens tout à coup la présence et le regard amusé de Jésus et de Marie juste devant moi. Je regarde bien, il n'y a personne, pourtant ils sont bien là à m'observer, joyeux, avec insistance. «*Jésus, Marie, je ne comprends pas... Ma souffrance vous ferait-elle plaisir ?*» Ils redoublent de joie, je redouble de sanglots. Au loin, l'écho d'une voix : « Il faut sortir, on ferme l'église. » Je porte la croix, fais mon signe et sors de la maison de Dieu. La mort dans l'âme, je traverse le cimetière lorsque j'aperçois une dame affolée venant de la rue et se dirigeant tout droit sur moi un ciboire dans les mains.

– Mon Dieu, c'est catastrophique s'exclama-t-elle, Monsieur le curé est parti en emportant avec lui les clés du Tabernacle. Du coup je me retrouve avec toutes ces hosties et je ne sais pas quoi en faire...

Moi non plus, je ne savais pas quoi en faire. Le visage de la femme s'illumine tout à coup.

— Tenez, exulta-t-elle en me tendant le ciboire rempli d'hosties, prenez, mangez tout, il ne doit pas en rester une seule !

Mon âme et moi abasourdies restons sans voix.

— Allez ! Insista-t-elle en joignant le geste à la parole.

«Mon Seigneur, le signe que j'espérais tant pour communier, c'est maintenant que Tu me le donnes. Tu viens à moi en profusion comme pour «la multiplication des pains». C'est donc pour cela que Ta mère et Toi étiez aux anges: «Vous étiez de connivence! Et ma souffrance de femme amoureuse privée de Ton amour dans l'Eucharistie était pour Vous le plus doux des Calices. Par respect, je me suis empêchée de communier, par amour, Ta coupe est venue débordante jusqu'à moi!»

C'était tellement énorme que je n'ai pas osé y toucher. Avec le recul, je le regrette profondément.

Une autre fois, en plein carême, Jésus m'a sévèrement réprimandée.

Après toute une semaine passée en efforts et privations de toutes sortes, épuisée, je me traîne péniblement jusqu'à la messe. J'arrive en retard au milieu de l'office. Le prêtre le remarque, je sens son mécontentement et le partage: la messe c'est sacré. Au moment de la communion, j'hésite, «j'y vais, j'y vais pas»? Finalement, mon désir de Dieu prend le pas, je m'incruste dans la file. C'est mon tour, le cœur palpitant, je m'arrête devant le père pour recevoir mon Bien – Aimé. Celui-ci me regarde sans bouger. Je ne comprends pas, j'attends le souffle coupé. Au bout de quelques secondes qui me paraissent interminables, il me fait un signe de Croix sur le front en disant «*Que le Seigneur vous bénisse et vous garde.*» Et c'est tout. L'horreur dans mon cœur! La honte suprême, non pas devant l'assemblée – je suis habituée à me faire regarder comme un «cas» – mais devant Dieu. Je ne savais plus où me mettre. Je suis repartie chez moi effondrée. Le geste du prêtre était plus que dur.

Je venais puiser à travers l'Eucharistie la force pour continuer à lutter, à essayer de faire la volonté de Dieu et lui, l'inconscient, m'en privait ! Fragile, fatiguée de combattre, je suis ressortie de l'église telle une caille sur un plateau d'argent à la merci du démon. Je n'en voulais pas au père, j'avais bien conscience qu'il avait servi d'instrument pour me faire comprendre que Dieu est blessé quand on arrive en retard à la messe *« mais quand même, le curé me connaît, me faire ça à moi » ?!* Non pas que je sois meilleure mais il connaît ma foi et mon amour authentique pour le Christ. Satan qui n'en loupe pas une, toujours prêt à nous dégommer à la moindre occase, ne m'a pas lâchée jusqu'au lendemain. Je suis passée par toutes sortes d'états, négatifs évidemment. J'étais tellement mal dans ma peau et en colère, que je pouvais basculer et tomber à tout moment. Livrée à moi-même, « il » ne pouvait que me cueillir. J'ai vécu vingt-quatre heures d'angoisse et d'horreur. Je le sentais tourner autour de moi et se pourlécher, c'était juste une question de temps. J'ai vraiment imploré le Seigneur de venir à mon secours mais même la prière me coûtait. Plus le temps passait, plus je m'éloignais. Le Malin – qui passe son temps à nous accuser mais qui sait parfaitement être complaisant quand cela l'arrange – ne cessait de me souffler : *« Regarde un peu la gratitude de ton Dieu. Depuis le début du carême tu fais des efforts surhumains et voilà où ça t'a conduite ! Tout ça ne sert à rien. À quoi bon lutter ? »* Ce jour-là, c'est un véritable combat que j'ai mené contre moi-même. Peut-être celui de Jacob.

Le lendemain, j'étais si mal et déstabilisée que j'ai failli sauter la messe. J'y suis allée dans un état de nerfs et de malaise extrêmes. C'était le même prêtre qui célébrait, ce qui a contribué à me perturber davantage. Au moment de rejoindre la file pour communier, je prends soigneusement soin de ne pas aller à lui : *« On ne sait jamais, il pourrait avoir un petit coup de « reviens-y » et me priver une nouvelle fois de la communion* – alors que j'étais arrivée à l'heure. Le père était au fond de l'église derrière moi, j'étais bien contente de lui tourner le dos après ce qu'il m'avait fait ! Jésus me dit sur-le-champ : *« Quitte ta file, va au fond et communie avec lui. »* Une nouvelle fois, je me fais remarquer devant tout le monde. Le plus naturellement possible, j'abandonne la queue, limite en sifflotant attirant sans m'en rendre compte tous les regards. Livide, au bord de l'évanouissement, je me dirige jusqu'au prêtre. Arrive mon tour, il me donne l'hostie comme si de rien n'était. Fin de l'office. Je pars directement au Saint-Sacrement prier. Je remercie le Tout-Puissant de s'être livré à moi dans cet incomparable Sacrement et le remercie encore plus de m'avoir donné la force de Lui obéir. La prière terminée, je me retourne et me retrouve nez à nez avec le père ! On se tend la main, gênés. Je lui parle d'une affaire qui n'a rien à voir quand, soudain il m'interrompt :

— Vous savez Natalie, mon geste d'hier n'avait rien d'une punition. Comme vous étiez arrivée après les textes, j'ai pensé que c'était mieux de faire ainsi. On ne peut dissocier la lecture de la Parole avec la lecture Eucharistique. La communion n'est pas un « self-service ».

— Comme vous avez raison père et comme je suis d'accord avec vous, *« la communion n'est pas un self-service*», sauf que je m'étais préparée toute la journée et que les textes je les avais déjà lus. En plus, vous ne pouvez pas imaginer tout ce que j'ai fait pour pouvoir me rendre à cette messe ! – la sincérité est un laisser-passer qui abat toutes les barrières et les divergences. Puisque vous avez un respect particulier pour l'Eucharistie que je partage totalement avec vous, dites aux paroissiens que l'on ne voit jamais à confesse, vous êtes mieux placé que moi pour le savoir, et qui se bousculent pour communier, de ne pas considérer l'Eucharistie comme «*un self-service*» pour reprendre votre expression. Le prêtre m'a écouté attentivement sans dire un mot puis finalement il a lancé : «*Vous avez raison.*» J'ai conclu en disant non pas sur le ton de reproche mais sur celui du cœur : «*Mon père, vous m'avez fait vivre la pire des punitions car j'aime vraiment le Seigneur mais vous avez bien fait.*»

J'ai attrapé son bras, il a attrapé le mien, on était à deux doigts de se faire un «Hug». Jésus avait triomphé ! Exit le Malin.

SÉQUENCE 3 «FOI – PRIÈRE – ABANDON – HUMILITÉ»

Tout est Grâce, tout vient de Dieu mais le Seigneur tient à notre contribution. Rappelons-nous le miracle de la multiplication des pains (Jn 6) : «*C'était peu avant la Pâque qui est la Fête des juifs. Or ayant levé les yeux, Jésus vit une grande foule qui venait à lui. Il dit à Philippe : «Où achèterons-nous des pains pour qu'ils aient à manger ?»* Comment se fait-il que Jésus demande à Ses disciples *« Où achèterons-nous des pains ?»* alors qu'Il est le Messie et qu'Il est au courant de toute chose ? Un peu plus loin, l'Évangile nous donne l'explication : *« En parlant ainsi il le mettait à l'épreuve ; il savait quant à lui, ce qu'il allait faire. »* Le Seigneur veut que nous soyons à Son écoute, que nous nous abandonnions à Lui. Il teste notre foi, notre confiance en Son amour pour nous. Dieu sollicite notre participation à Sa Gloire. *« Qu'il te soit fait selon ta foi. » « Ta foi t'a sauvé. » « Va et ne pèche plus. »* Il veut avoir besoin de nous. Le miracle vient de Dieu mais « les pains et les poissons », c'est nous qui les apportons. La Terre Sainte la plus propice à faire germer les miracles, c'est notre foi. Mais qu'est-ce que la foi ? Est-ce seulement de croire que Dieu existe ? Dans ce cas, Satan est un grand croyant, il est convaincu que Dieu existe car il n'a de cesse de le combattre ! La foi ne se limite pas à la croyance, elle invite au dépassement au nom de l'Espérance. C'est avoir confiance envers et contre tout, avoir la conviction que Dieu nous aime et ne nous abandonne pas. Peu importe ce qui nous arrive, nous ne devons jamais douter de Son Amour, de Sa fidélité et de Sa Bienveillance à notre égard. Dans ma carrière d'« amoureuse du Christ » j'ai bien souvent entendu : *« S'il y avait un Dieu, il n'y aurait pas tous ces malheurs ! »* Ou encore : *« Je n'ai jamais rien fait de mal et après tout ce qui m'est arrivé de douloureux, je ne peux pas croire à Son existence. »* Si on suppose que sur Terre Dieu est seul et qu'Il a tout pouvoir, c'est légitime de penser ça et je rajouterais même que « ce Dieu qui nous regarderait souffrir sans rien faire, serait un Dieu sadique » ! Mais Dieu n'est pas tout seul, le Mal existe. Et dans notre monde, il se porte à merveille.

Dieu est Absolu dans l'Amour, le Bien et la Vérité. Il n'est pas une chose et son contraire. Il est « JE SUIS » et pour l'éternité. Il n'est pas tiraillé ni versatile contrairement aux hommes. Il est la source de l'Amour. Tout ce qui n'est pas le Fruit de l'Amour ne vient pas de Dieu mais du Diable. Ça fait peut-être moyenâgeux de dire ça mais c'est bel et bien une réalité. Autant Le Seigneur est Amour et Vie, autant Satan est haine et mort. Dieu veut notre bonheur, Satan, notre destruction.

Pour aimer en toute vérité on a besoin de puiser l'Amour à la Source-Dieu. En revanche, pour faire le mal, pas besoin de croire en lui. La force du Malin, c'est justement qu'on ne croit pas en lui, comme ça, il peut faire de nous ce qu'il veut : de bonnes et obéissantes petites marionnettes comme dans le film *Chucky*. Combien d'hommes mariés succombent au charme de belles créatures laissant femme et enfants au soi-disant nom de l'amour ? Sans le savoir, c'est dans les bras du Serpent qu'ils s'abandonnent. Si la créature de rêve revêtait son vrai visage – celui du démon – ils partiraient en courant ! Le danger, c'est qu'on ne voit pas le Mal venir, du coup, on tombe dans ses filets ! « *À l'assaut petites marionnettes, foncez droit dans le mur ! Derrière, une petite gâterie Éternelle vous attend.* » Tel un brouillard obscur, les ténèbres envahissent petit à petit notre regard jusqu'à pourrir l'œil. Au début, il ne s'agit que d'un imperceptible voile léger et charmant pour enfin devenir le plus étouffant des linceuls. Lucifer est un séducteur, un manipulateur. Il connaît parfaitement nos tendances et nos fragilités et s'y prend à merveille pour faire des horreurs. Même quand on croit en Dieu, on tombe dans le panneau. Personne n'est à l'abri. Pour avoir le bon discernement, il faut prier l'Esprit Saint. Pour résister à la tentation, il faut encore prier! *« Veillez et priez afin de ne pas tomber au pouvoir de la tentation. L'esprit est plein d'ardeur mais la chair est faible »* (Mt 26, 41). La prière est fondamentale. La régularité dans la prière est fondamentale. Tel un virtuose faisant tous les jours des gammes, abandonnons-nous à l'exercice quotidien de la prière. Mieux vaut prier quinze minutes tous les jours qu'une fois par an une journée entière! Prier, c'est donner du temps à Dieu afin de se mettre à Son écoute. C'est dans le silence que Sa parole se révèle. Si j'allume la radio à fond et si je mets la télé tout en parlant aux poissons rouges, il ne faut pas s'étonner de ne pas entendre frapper à la porte. Il en est de même avec Dieu. Comment l'entendre dans la cacophonie de nos vies ? Il faut Lui faire de la place et se poser pour l'écouter. La prière est le lieu privilégié de la rencontre avec Lui. Il nous instruit, Il nous façonne, Il nous « chauffe » pour aimer comme Lui. Même si nous disposons d'un grand cœur, il faut l'entretenir. Le plus perfectionné des Iphones a besoin lui aussi à un moment donné de se recharger. La prière est le cordon ombilical qui nous relie au Seigneur, c'est le calcium de nos âmes, la charpente de nos vies. Même Jésus, Dieu fait Homme, se retirait sur la montagne pour prier. Que dire de nous ? Plus on prie, plus c'est facile, moins on prie, plus c'est laborieux. Tout est dans la régularité. Si on commence à « faire le mur » et à se laisser aller à une pratique irrégulière, c'est foutu. On s'éloigne de Lui petit à petit sans même s'en rendre compte, jusqu'à finir par se couper définitivement. Comme un fer à repasser qu'on débranche : au début, il est bouillant, ensuite brûlant puis tiède et enfin froid. Soyons vigilants, le cruel ennemi nous guette sans relâche. La confession, l'Eucharistie, la prière, la lecture – même brève – de la Parole sont essentielles. En fait nous sommes des malades dont le seul traitement s'appelle Dieu.

Pour revenir à la fameuse phrase « *S'il y avait un Dieu, il n'y aurait pas tous ces malheurs* », il n'y a qu'à regarder du côté des parents. En effet, quel papa, quelle maman se réjouirait de voir son enfant souffrir ? À moins d'avoir un sérieux problème. Alors, si nous, créatures imparfaites, polluées par l'esprit du mal, nous ne voudrions pour rien au monde qu'il arrive malheur à ceux que nous aimons, Dieu encore moins ! Chaque fois que nous souffrons, le Seigneur souffre avec nous. Et pas de l'extérieur car nous sommes à Lui et Il est en nous. Nos douleurs crucifient le cœur de Dieu, notre incompréhension le flagelle et notre révolte le stigmatise. Quant à Satan, le fait que nous ne croyons pas en lui – « Il diavolo » – le réjouit !

SÉQUENCE 4
LA LOI ET LES COMMANDEMENTS

Beaucoup de gens pensent que les commandements sont un obstacle à leur liberté et une entrave à leur bonheur. «*Fais pas ci, fais pas ça, j'ai passé l'âge qu'on me dise ce que je dois faire. En plus, ce que Dieu m'interdit, c'est justement ce qui m'attire le plus!*» Vu comme ça, c'est vrai que ce n'est pas très sexy. Si on prend la loi sans le cœur de la loi, l'amour de Dieu, effectivement cela est loin d'être engageant. En réalité, Notre Seigneur manifeste Son amour pour nous par le biais de Ses commandements. Une mère poule éduquant ses petits. Il est Notre père, nous sommes Ses enfants, Il sait ce qui est bon pour nous et ce qui nous détruit. «Ses interdictions» ne sont pas là pour manifester Sa Toute-Puissance et nous casser les pieds mais pour nous protéger du pire. Je me rappellerai toujours un épisode marquant. C'était au cours d'un hiver particulièrement rude, j'avais invité un couple d'amis en week-end. Ils étaient là avec leur petite fille âgée de 4 ans. Nous revenions d'une longue ballade en forêt. Arrivés à la maison, nous nous sommes empressés de faire un feu de cheminée à la hauteur de nos petits corps frigorifiés. Au bout de quelques minutes, alors que les flammes étaient au firmament de leur forme, voilà que la petite fille se précipite sur le foyer! Par chance, sa mère la rattrape *in extremis*. L'enfant, loin de comprendre son geste salvateur, lui crie: «*Méchante maman, tu m'empêches de me réchauffer!*» Sa mère savait que sa petite fille pouvait prendre feu, c'est pourquoi elle l'a empêchée de s'approcher de trop près. L'enfant, elle, n'avait pas la vision globale de la situation ne voyant pas plus loin que son désir et l'instant immédiat. Bien souvent nous réagissons de cette façon avec Dieu. « *Pourquoi m'empêches-tu de faire ça Seigneur, ça me ferait du bien.* » C'est Dieu qui sait ce qui est bon et ce qui nous fait du bien, pas nous. Il faut Lui faire confiance. Les commandements ne sont pas là pour nous avorter dans notre liberté mais pour nous conduire au vrai Bonheur. Non seulement au Bonheur Éternel mais dès à présent dans notre vie. Suivre la divine volonté nous éviterait bien des tourments !

Et franchement, quand on fait quelque chose qui plaît à Dieu, on est content et beaucoup plus serein que quand on transgresse Sa Loi.

SÉQUENCE 5
« LE FILS PRODIGUE », CŒUR DE L'ÉVANGILE

Saint Luc chapitre 15 :

« *Un homme avait deux fils. Le plus jeune dit à son père : "Père, donne-moi la part de bien qui doit me revenir." Et le père leur partagea son avoir. Peu de jours après, le plus jeune fils, ayant tout réalisé, partit pour un pays lointain et il y dilapida son bien dans une vie de désordre. Quand il eut tout dépensé, une grande famine survint dans ce pays, et il commença à se trouver dans l'indigence. Il alla se mettre au service d'un des citoyens de ce pays qui l'envoya dans ses champs garder les porcs. Il aurait bien voulu se remplir le ventre des gousses que mangeaient les porcs, mais personne ne lui en donnait. Rentrant alors en lui-même, il se dit : "Combien d'ouvriers de mon père ont du pain de reste, tandis que moi, ici, je meurs de faim !" Je vais aller vers mon père et je lui dirai : "Père, j'ai péché envers le ciel et contre toi. Je ne mérite plus d'être appelé ton fils. Traite-moi comme l'un de tes ouvriers." Il alla vers son père. Comme il était encore loin, son père l'aperçut et fut pris de pitié : il courut se jeter à son cou et le couvrit de baisers. Le fils lui dit : "Père, j'ai péché envers le ciel et contre toi. Je ne mérite plus d'être appelé ton fils." Mais le père dit à ses serviteurs : "Vite, apportez la plus belle robe, et habillez-le ; mettez-lui un anneau au doigt, des sandales aux pieds. Amenez le veau gras, tuez-le, mangeons et festoyons, car mon fils que voici était mort et il est revenu à la vie, il était perdu et il est retrouvé."* »

Cette parabole du fils prodigue renferme le cœur du message de l'Évangile : la Miséricorde de Dieu envers Ses enfants. Ce fils, après avoir fait n'importe quoi de son héritage – de sa vie – ne vivant que pour lui et pour le plaisir, revient vers son père parce qu'il est mal. Par sa souffrance qui n'est pas l'œuvre de son père mais bien de son propre éloignement, il découvre que ses choix d'homme libre l'ont conduit dans l'impasse.

Quelle est la réaction du père ? « *Comme il était encore loin, son père l'aperçut et fut pris de pitié : il courut se jeter à son cou et le couvrit de baisers.* » Avant même que le fils ne revienne, le père l'attend les bras et le cœur ouverts. Il le guette, il l'attend, il espère son retour. Dès qu'il le voit en chemin, il laisse tout et part à sa rencontre comme si son fils était unique.

Il le pardonne – ou plutôt, « Il lui ouvre la porte du pardon » car pour être pleinement pardonné, Dieu sollicite notre accord – avant même que celui-ci n'ouvre la bouche tout comme Jésus avec la femme adultère. L'humble et repentante réponse de son fils le réjouit plus que tout. Il organise la plus belle fête en son honneur, « *car mon fils que voici était mort et il est revenu à la vie, il était perdu et il est retrouvé* ». Jésus dit « *qu'Il est "venu pour les malades et non pour les bien-portants et qu'il y aura plus de joie au Ciel pour un pécheur repenti que pour quatre-vingt-dix-neuf justes".* » Là encore, le berger laisse le troupeau pour retrouver la brebis égarée comme si elle était la seule. Avec Lui, « le vilain petit canard » devient un Cygne royal. Dieu nous montre qu'Il nous aime à la folie et que même si nous sommes loin d'être « exceptionnels », nous sommes tous uniques pour lui. Un jour, un ami m'a dit : « *Chacun de nous est le fils et la fille préférés du Seigneur.* » Je trouve cela tellement juste ! Même s'il y a « plusieurs demeures » dans le Royaume de Dieu, même si Jésus était particulièrement proche de Saint Jean apparaissant comme Son apôtre préféré, il n'en demeure pas moins que nous sommes tous Ses chouchous, Ses petits enfants chéris. Quoi que l'on fasse, quoi que l'on ait pu faire, notre Dieu d'Amour est toujours prêt à nous accueillir et à nous pardonner. « *Le bon larron sur la croix.* » Après avoir reconnu son péché et la légitimité d'être puni à cause de ses fautes, il dit au Christ : « *Souviens-toi de moi quand tu viendras inaugurer ton Règne* », et Jésus de lui répondre : « *Amen, je te le déclare : aujourd'hui, avec moi, tu seras dans le Paradis.* » Jusqu'au dernier moment tout est possible.

Il n'y a que nous pour nous nous étiqueter et nous enfermer les uns et les autres dans un costume : « *Lui il est Saint, elle c'est une garce.* » Contrairement à un vêtement figé et statique prisonnier de sa propre matière, l'âme bouge, elle est vivante ! Parfois, elle perd en sainteté, prend en bêtise. Du coup elle ne rentre plus dans son costume, celui-ci ne correspondant plus à ses nouvelles mensurations. Garder sa taille de guêpe spirituelle relève de l'exploit ! Heureusement que nos vêtements sont lavés et purifiés par le Sang du Christ. Jésus lave plus blanc que plus blanc ! Sans Lui, il n'y aurait pas de Salut possible. Le fils de Dieu est le Seul qui malgré nos écarts de grâces et de péchés sur la divine balance, réussisse à nous faire rentrer, par « l'habit de baptême », au Royaume de Son Père. Notre Père. On oublie trop souvent la Loi laissée par Dieu à Moïse. Sur les 613 commandements, les deux premiers mettent notre pauvre humanité plus que dans l'embarras (Deutéronome 6) : « *Écoute Israël, Le Seigneur notre Dieu est l'Unique. Tu aimeras Le Seigneur ton Dieu de toute ton âme, de toute ta force, de toute ta pensée ; et ton prochain comme toi-même.* »

Honnêtement y a-t-il un seul être dans toute l'Histoire de l'humanité qui y soit parvenu à part Marie ? Or il est écrit : « *Celui qui manque à un seul des commandements manque à tous les commandements et ira dans la géhenne éternelle ; là il y aura des pleurs et des grincements de dents.* » La loi ne nous justifie pas mais nous accuse comme dit saint Paul. Le seul qui nous sauve, c'est Jésus-Christ. Et le seul être qui a librement respecté la volonté de Dieu en tout point, encore une fois, c'est Marie. Comme le dit si bien le père David dans La Mante Religieuse : « *Dieu ne se mérite pas, Il se donne.* » Ne soyons pas comme le pharisien au temple (Lc 18,11-13) : « *Le pharisien, debout, priait ainsi en lui-même : « Ô Dieu, je te rends grâce de ce que je ne suis pas comme les autres hommes, qui sont voleurs, malfaisants, adultères, ou encore comme ce collecteur d'impôts. Je jeûne deux fois par semaine, je paie la dîme de tout ce que je me procure.* » Sa prière est tout sauf une prière, il est dans la contemplation personnelle et dans l'orgueil. Pour pécher, pas la peine de tuer des gens ni de violer des enfants, il suffit juste de manquer d'amour. Le péché est lié à l'égoïsme et au manque d'amour vis-à-vis de son prochain, or, qui dans sa vie n'a pas à un moment donné fermé son cœur à l'autre ? Les gros péchés, c'est comme les grosses maladies, on les détecte et les identifie facilement, ils sautent aux yeux. « Les petits » péchés eux s'apparentent à un rhume mal soigné qui à force se transforme en mortelle pneumonie, une quotidienne et imperceptible dose de mort-aux-rats administrée à notre âme jusqu'à la faire trépasser. Jésus nous met en garde quand Il nous dit : « *Tu vois la paille dans l'œil du voisin et pas la poutre dans le tien.* » Attention de ne pas nous laisser accaparer par les fautes de nos frères en jouant les redresseurs de torts, des Zorros en « calotte » courte ! C'est tellement facile et si tentant de tomber dans l'inconsciente fuite de soi-même. En jugeant les autres, on oublie de se regarder. L'orgueil est l'attribut du Diable par excellence et rien n'est joué d'avance. Ce n'est pas parce que nous sommes baptisés et que nous allons tous les dimanches à la messe que nous serons sauvés.

Jésus est clair sur le sujet (Lc 13, 24-28) : « *Efforcez-vous d'entrer par la porte étroite, car beaucoup, je vous le dis, chercheront à entrer et ne le pourront pas. Après que le maître de maison se sera levé et aura fermé la porte, quand, restés dehors, vous commencerez à frapper à la porte en disant : « Seigneur, ouvre-nous et qu'il vous répondra : vous, je ne sais d'où vous êtes, alors, vous vous mettrez à dire : nous avons mangé et bu devant toi, et c'est sur nos places que tu as enseigné ; et il vous dira : Je ne sais d'où vous êtes. Éloignez-vous de moi vous qui faites le mal.* » Ces paroles s'adressent à des personnes qui côtoient le Christ, des gens qui boivent et mangent avec Lui, qui ont l'habitude d'écouter Sa parole. Soyons vigilants, la conversion, c'est jusqu'à la fin. C'est tous les jours un combat, comme en amour. Rien de tel pour mettre un couple en péril que de penser, au moment des Noces, que l'autre est acquis. Être baptisé ne nous dispense pas de lutter, bien au contraire ! Le chrétien est un gladiateur qui remonte à contre-courant le fleuve des pensées et des modes. Il faut lutter sans cesse et le pire des combats à mener, il est contre nous-même. Quand je croise des Frères satisfaits d'eux-mêmes, je me dis : « *Mon Dieu, les pauvres ! Leur âme est en train de rendre l'âme.* »

Dernièrement, j'en ai fait l'amère expérience. Libérée de certaines blessures, je savourais la victoire de Dieu dans ma vie comme si j'étais tirée d'affaire. Malheureuse créature que je suis ! À partir de là, les démons sont arrivés en trombe ! Il n'y en avait plus un mais « sept » ! J'ai subi un véritable assaut allant même jusqu'à m'empêcher de prier. Si on s'assoupit, on meurt, c'est comme ça en matière de spiritualité.

La conversion, elle est jusqu'au dernier moment : au moment de rendre son souffle de vie.

Prions pour les agonisants.

SÉQUENCE 6 FONDU – ENCHAÎNÉ SUR LA MISÉRICORDE

Le mot Miséricorde nécessite, me semble-t-il, une mise au point. Parmi tous les plans troubles dont Satan nous abreuve dans le film de nos vies, il ne serait pas étonnant de le voir insidieusement placer un faux raccord d'idée, une sorte de « pensée subliminale » calée entre deux vérités. Nous entraîner à confondre la Miséricorde avec le laxisme et la tolérance. « *Si Dieu est Amour et Miséricordieux, nous seront tous sauvés ! Comme dit la chanson : « On ira tous au Paradis.* »

Quel est le sens de notre passage sur Terre si, qu'on le veuille ou non, on est pardonné sans faire le moindre effort ? Pourquoi l'incarnation, pourquoi la souffrance, pourquoi la mort ? Dieu n'avait qu'à nous sauver en pensée. Après la désobéissance de nos chers ancêtres Adam et Ève, le Seigneur n'avait qu'à dire : « *C'est pas grave, ça compte pour du beurre. Allez zou ! Une petite bénédiction et vous serez tous pardonnés !* » Nous sommes des petits « Adam et Ève » en puissance et si nous sommes ici, c'est pour faire nos preuves : « *Je croque la pomme ou pas ? Je m'abandonne à Dieu ou pas ? Je reconnais que sans Lui je suis minable ou pas ?* » Si tout était si simple et si le Mal n'existait pas, alors pourquoi Dieu

Lui-même en la personne de Son Fils Jésus-Christ se serait-il « dérangé » pour venir nous sauver ?

La Miséricorde est la « texture de Dieu », sa prédisposition à nous pardonner sans jamais se lasser. En nous dévoilant Son cœur brûlant d'amour pour nous, le Seigneur nous livre Son « code génétique », Son ADN. Mais pour nous transfuser Son pardon, Il a besoin de notre réponse. Il faut passer par une prise de « sang-timent ».

« Je croque la pomme ou pas ? »

SÉQUENCE 7
FOCUS SUR L'ART SI DÉLICAT DU PARDON

« Pardonne-nous nos offenses comme nous pardonnons aussi à ceux qui nous ont offensés. »

Cette phrase lâchée par Jésus dans la prière du Notre Père est terrible quand on y pense : « *Pardonne-nous comme nous pardonnons* », de la façon dont nous pardonnons. Comment faire pour pardonner, pour réellement pardonner, en profondeur et non pas en « extérieur », superficiellement ? Si je regarde bien, ce sont toujours les autres « les méchants », moi, je suis « le gentil », la victime, celui qui a toujours raison ! Une fois, je veux bien, deux, passe encore mais systématiquement, il faut avouer que cela devient suspect. Faisant moi-même partie pendant de nombreuses années du « club très ouvert » des victimes, j'ai fini par me poser des questions :

« Suis-je une sainte ou bien ma vision des autres – les méchants ! – est-elle corrompue par les lunettes aux triples foyers de ma petite personne qui a si peur de se remettre en question ? On ne sait jamais, je pourrais voir en moi quelque chose qui me déplaise et qui entache la pieuse image de « moi – m'aime ». Grâce à l'exercice de l'écriture et de la mise en scène, le Seigneur m'a livré une recette imparable – au goût certes parfois amer – pour me délivrer des sortilèges de mon si doux regard aux alouettes. Un cinéaste par ses images raconte une histoire. À travers sa mise en scène, le découpage des plans, le choix des angles et des objectifs, il entraîne le spectateur à voir par le biais de sa sensibilité. Une même scène filmée par dix réalisateurs différents – sans changer l'ombre d'une virgule au texte – exprimera dix visions différentes. Là où c'est le plus flagrant, c'est quand le personnage principal de l'intrigue diffère. En partant de la même situation, on peut raconter une histoire totalement différente selon le regard et le point de vue du protagoniste. Il en est de même dans la vie : selon la perspective, la prise de position que nous prenons, les jugements sont différents. J'ai vraiment appris à pardonner quand j'ai commencé à me mettre à la place de l'autre, à changer d'optique et de point de vue. Cependant, « devenir l'autre », surtout lorsqu'il nous fait souffrir, n'est pas une mince affaire. Toutefois, si on y parvient, le résultat est impressionnant ! En se plongeant dans lui, en rentrant dans son prisme à travers son point de vue et ses blessures, on finit par comprendre ses agissements. Et « comprendre » n'est pas justifier.

« Ne vous posez pas en juge afin de ne pas être jugé car c'est de la façon que vous jugez qu'on vous jugera, c'est la mesure dont vous vous servez qui servira aussi pour vous » (Mt 7, 2).

À la croisée des jugements, sur la route du pardon, « comprendre » est un chemin à ne pas négliger.

Exclu !

Voici la prière du prêtre de la basilique de Montmartre – le père Louis Pelletier, un saint homme – que j'avais égarée et que j'ai retrouvée mystérieusement le lendemain de mon accident et de ma rencontre avec le Sacré-cœur de Jésus.

CONSÉCRATION AU CŒUR DE JÉSUS

Seigneur Jésus, je consacre à ton Cœur
ma personne et ma vie, mon cœur et mon intelligence
ma mémoire et ma volonté, mes joies et mes peines
afin que tout ce que je ferai et souffrirai
soit pour l'amour et la gloire de Dieu.

Je choisis ton Cœur pour ma demeure
afin qu'il soit ma force dans la lutte,
le remède à mon inconstance,
ma lumière et mon guide dans les heures de ténèbres,
le réparateur de mes fautes
et mon asile à l'heure de ma mort.
Ô Cœur d'amour, je mets toute ma confiance en toi,
car je crains tout de ma faiblesse,
mais j'espère tout de ta bonté.

Cœur de Jésus, fournaise ardente de charité,
consume en moi tout ce qui peut te déplaire,
tout ce qui peut te résister.

Que ton pur amour s'imprime si avant dans mon cœur
que jamais je ne puisse t'oublier,
ni être séparé de toi
mais que je demeure toujours ton ami.

Amen

PS : J'aimerais rajouter deux mots à propos de mes escapades à la Basilique de Montmartre. Après cet épisode avec ce prêtre, le père Louis, je suis retournée – comme j'en avais déjà l'habitude bien avant ma rencontre avec lui – me confesser au Sacré-Cœur. Aux heures de « pointe spirituelle » – en fin de journée après le travail – il y a toujours de longues files d'attente. Parfois l'attente dure des heures. N'ayant d'yeux que pour mes chaussures, courbée par le poids de mes péchés, je me fondais le plus discrètement possible dans la foule des pénitents. Comme un fait exprès, à chaque fois que c'était mon tour, le père Louis débarquait pour confesser. Sa besogne accomplie, il repartait tout aussi naturellement. C'était comme un rendez-vous organisé – ça l'était d'ailleurs mais « d'en haut ». À l'heure où j'écris ces quelques lignes, je viens d'apprendre que le père Louis est retourné auprès du Père. Un accident. La date de son décès est le 6 juillet. Le jour anniversaire de mon accident et de ma rencontre avec le Sacré-Cœur – j'ai été hospitalisée le 5 au soir et suis sortie des urgences le 6 au petit matin. Même si mon accident a eu lieu un certain nombre d'années auparavant et que la mort du père est récente, je vois à travers cela comme un petit signe de sa part. Ce prêtre que je n'ai fait finalement que « croiser », m'a profondément touchée et ces longs moments passés à confesse avec lui m'ont marquée à jamais. Il trouvait toujours les mots justes et allait même parfois jusqu'à devancer ce que j'allais dire. Pour lui, j'étais une « racoleuse d'âmes ». Était-ce un ange, un mystique, je n'en sais rien. Une chose est sûre : c'était un apôtre du Christ.

Clap de « faim »

I love you – Ich liebe dich – Ti amo – Aku cinta kamu – Te quiero – Kocham Cie – Ngiyakuthanda – Eu te amo...

Comme Marie, comme Joseph et tous les Saints de Dieu mais aussi comme tous les pécheurs, *« les brebis égarées »*, les paumés, *« les lépreux »*, les marginaux, *« les prostituées »* que Jésus a rencontrés sur Sa route et qui ont répondu présent à Son appel, ne perdons pas une minute pour dire à Dieu « Je T'aime ». Offrons-Lui de rafraîchissantes pétales d'Amour, Il a tellement soif de nous ! Et ça ne date pas d'hier (Jn 4-6, 9) : *« Fatigué du chemin, Jésus était assis tout simplement au bord du puits. C'était environ la sixième heure. Arrive une femme de Samarie pour puiser de l'eau. Jésus lui dit : « Donne-moi à boire. »* Jésus est seul, Jésus est « fatigué du chemin », du chemin qu'il parcourt pour nous sauver. Il a besoin de se désaltérer à notre cœur. Cette femme, la Samaritaine, est une non-juive, « une impure » et Jésus lui demande à boire ! C'est quelque chose d'inenvisageable pour un juif ! D'ailleurs, la femme elle-même est surprise : *« Comment ? Toi, un Juif, tu me demandes à boire à moi, une femme samaritaine ! »* Notre Seigneur ne fait aucune distinction entre Ses enfants ; Il nous aime tous, Il veut tous nous sauver. Blancs, verts, jaunes, oranges, blacks, beurs, nous avons tous pour Lui la même couleur : celle de Son Amour. Grands, petits, vieux, chauves, jeunes, nous sommes pour Lui les plus beaux. Le plus hallucinant, c'est qu'en attendant notre réponse à Son Amour, Il mendie le nôtre ! Toujours ce besoin fou de Dieu pour nous. Comme au Jardin de Gethsémani quelques heures seulement avant d'être livré pour nos péchés. Au comble de l'angoisse, peu avant Son martyre, Il supplie Ses apôtres de rester avec Lui (Mc 14, 33-34) : *« Il emmène avec lui Pierre, Jacques et Jean. Et il commença à ressentir frayeur et angoisse. Il leur dit : « Mon âme est triste à en mourir. Demeurez ici et veillez. »* Pierre, qui quelques heures plus tard, le reniera et Jacques qui le laissera seul face au supplice de la croix. Dans Luc (22, 44), Son angoisse est telle que Sa sueur, « Ses larmes », se transforment en sang : *« Pris d'angoisse, il priait plus instamment et sa sueur devint comme des caillots de sang qui tombaient à terre. »* Il se retrouve seul, abandonné, comme aujourd'hui dans ce monde qui le rejette et qui l'ignore. En effet, *« Il a très peu d'amis »*. Il compte sur nous.

Jésus nous dit (Mt 22, 41) que les commandements et la loi se résument dans l'amour pour Dieu et pour nos frères. Alors, allons-y à fond ! N'ayons pas peur d'aimer, de le montrer et de le dire. Surtout que l'amour est contagieux. Osons être les « porteurs saints » de ce divin virus !

Seigneur, « que Ta volonté soit fête » !

Table

Achevé d'imprimer en juin 2022
sur les presses de
La Manufacture - Imprimeur – 52200 Langres
Tél. : (33) 325 845 892

N° imprimeur : 220613 - Dépôt légal : avril 2016
Imprimé en France

*Cet ouvrage a été composé
par Atlant'Communication
au Bernard (Vendée).*